십대들의 물음표? 하나님의 느낌표!

[개정판]

Bodie Hodge
Tommy Mitchell
Ken Ham 지음
한국창조과학회 옮김

태라북

Answers Book 4 Teens (vol. 1) by Bodie Hodge, Tommy Mitchell, Ken Ham
Copyright ⓒ Answers in Genesis-USA, 2011
All rights reserved.

Korean translation edition ⓒ by Korea Association for Creation Reaserch
Published by arrangement with Answers in Genesis-USA
All rights reserved.

십대들의 **물음표?** 하나님의 **느낌표!** (개정판)

개정판 1쇄 발행   2025년 6월 30일

옮 긴 이   (사)한국창조과학회
펴 낸 이   오경숙

펴 낸 곳   (주)창조과학미디어
주   소   03079 서울특별시 종로구 창경궁로26길 28-5
전   화   02-419-6465   팩   스   02-451-0130
전 자 우 편   terra@creation.kr
홈 페 이 지   creation.kr

ⓒ 한국창조과학회

ISBN 979-11-990281-4-2(43200)

저작권자의 허락없이 이 책의 일부 또는 전체를
무단 복제, 전재, 발췌하면 저작권법에 의해 처벌을 받습니다.

십대들의 물음표? 하나님의 느낌표!

[개정판]

Bodie Hodge
Tommy Mitchell
Ken Ham 지음
한국창조과학회 옮김

태라북

한국어판을 펴내며	8
추천하며	10
Introduction	18

Q1. 성경은 뭘 잘 모르는 옛날 사람들이 썼잖아요. **그런데 어떻게 성경이 사실이라고 믿을 수가 있나요?** — 24

Q2. 하나님은 정말 위대하신 분인데, **왜 지진, 홍수, 전쟁 같은 나쁜 일들과 수많은 고통들이 생겨나게 하실까요?** — 36

Q3. 저는 하나님이 세상을 창조하신 것을 믿어요. 그런데,   42
**지구가 얼마나 오래 되었는지가
그렇게 중요한가요?**

Q4. 누가 더 많은 증거를 가지고 있어요?   52
창조론자? 아니면 진화론자?

Q5. 하나님이 없다고 하는 사람이 정말 많습니다. 그럼에도 불구하고   62
**어떻게 하나님이 정말로
계시다는 것을 알 수 있나요?**

Q6. 그런데요, 하나님은 왜   70
**한 사람의 실수를 가지고 온 세상을
심판하시는 걸까요?**

07. 하나님이 세상을 그렇게 사랑하셨다면서,   78
**왜 대홍수를 일으켜
모든 사람을 죽게 하셨나요?**

08. 하나님은 어떻게 몇천 년 만에   86
**단 두 사람으로부터 시작 해서 지금의
인구 숫자가 될 수 있게 하셨나요?**

09. **다른 인종의 사람들간에 결혼해도 되나요?**   92
혹시 잘못된 것일까요?

Q10. **성(sex)에 대한 성경의 말씀에
꼭 순종해야 하나요?**   102

Q11. 기독교인들은 모든 사람을 사랑해야 한다면서,   114
왜 동성애자들을 싫어하는 것처럼 보일까요?

Q12. 학교에서 하나님에 관해 이야기하는 것이   124
불법이라면, 우리는 어떻게 해야 하나요?

Q13. 예수님이 하나님께로 갈 수 있는 　　　　　　　　　　　132
　　　유일한 길이라는 것을 어떻게 확신할 수 있나요?

Q14. 성경 　　　　　　　　　　　　　　　　　　　　　　140
　　　그리고 공룡과 용?

Q15. 어째서 하나님은 　　　　　　　　　　　　　　　　　148
　　　나처럼 엉망인 사람을 구원하려 하시나요?

한국어판을 펴내며

교회 안의 청소년들 중 대다수가 예수님의 탄생과 부활, 하나님의 6일간 천지창조를 믿지 못한다고 말합니다. 학교에서 진화론적 과학 교육을 받으면서부터 이에 대한 의심과 불신을 가지게 되면서 차츰 기독교 신앙의 기본교리를 부정하는 데에 이르게 됩니다.

다음 세대들이 복음에 귀를 기울이지 않는 주요 이유는 성경을 믿지 못하기 때문입니다. 과학 시간에 배우는 진화론은 과학적 사실인 데 비해, 하나님이 창조했다는 성경의 기록은 비과학적이라서 못 믿겠다고 합니다. 이들에게 올바른 성경적 창조신앙을 갖게 하는 것이 필요합니다. 이것은 곧바로 하나님께 나아가며 예수님의 심장을 가지고 세상을 이기고 변화시키는 강한 그리스도의 군사가 되는 바탕이기 때문입니다.

이들에게는 궁금한 것이 너무나 많습니다. 우주의 시작이 창조인지, 진화인지, 하나님은 정말 계시는지, 창세기가 과학적으로 사실인지 등… 이런 궁금증들은 청소년들의 세계관을 형성하는 데 결정적인 역할을 하므로 이에 대해 바른 답을 얻는 것은 매우 중요합니다.

『십 대들의 물음표? 하나님의 느낌표!』는 청소년들의 공통적인 15개 질문에 대해 과학적, 성경적, 신학적인 답변을 제시합니다. 이 책은 미국의 창조과학 학술단체인 Answers in Genesis(AiG)가 출판한 『Answers Book for Teens』를 번역하여 펴냈습니다. 이 일에 수고와 헌신을 아끼지 않으신 이충현 선생님, 정우성 이사, 임용철 박사, 김광 교수를 비롯하여 분야별로 감수하신 학회 이사들, 편집과 디자인을 담당해 주신 전부일 선생님, 기도와 물질로 후원하신 모든 분께 감사의 말씀을 드립니다. 무엇보다도 이 책이 번역되고 출판되기까지 과정마다 간섭하시고 인도하신 하나님께 감사와 영광을 올려드립니다.

이 책을 읽는 교회 안의 청소년들이 성경적 창조신앙을 회복하게 되고, 나아가 예수 그리스도를 통한 구원의 확신을 갖게 될 것입니다. 또한, 창조와 진화에 대한 궁금증을 가졌던 독자들이 이 책을 통해서 창조주이신 예수님을 구세주로 영접하는 좋은 계기가 되리라 소망합니다.

한국창조과학회 7대 회장 **한윤봉**

추천하며

하나님께서는 성경을 통해 진리를 말씀하셨습니다. 사람은 진리를 만날 때 진정으로 자유 할 수 있습니다. 그래서 우리는 성경을 읽음으로 하나님의 진리 앞에 서야 합니다. 특별히 자녀 세대가 하나님의 진리를 만날 수 있도록 도와야 합니다.

오늘날의 크리스천 청소년들은 보이지 않는 세계관 전쟁을 겪고 있습니다. 청소년 시기에 올바른 진리를 만나지 못한다면 그들은 하나님을 떠나 방황하고 어려운 길을 걸어갈 수밖에 없습니다.

이러한 중요한 상황 속에서 『십 대들의 물음표? 하나님의 느낌표!』 책이 출간된 것을 기쁘게 생각합니다. 이 책은 크리스천 청소년들이 궁금해하는 것에 대해 답을 알려 주고, 성경의 진리 안에 머물 수 있도록 돕기 때문입니다.

이 땅의 청소년들이 올바른 성경적 세계관을 가지고 세상에서 믿음으로 승리할 수 있도록 도와야 합니다. 이 책을 통하여 자녀 세대가 다니엘과 같이 세상을 변화시키고 영향력을 주는 거룩한 세대가 되기를 기도하고 응원합니다.

온누리교회 담임 목사 **이재훈**

십 대들은 솔직합니다. 은근히 생각도 많습니다. 창조와 진화에 대해서도 자주 궁금해하지만 명쾌한 답을 얻지 못하는 경우가 더 많았을 것입니다. 하나님을 궁금해한다는 것은 하나님을 믿고 싶다는 증거입니다. 의심한다는 것은 제대로 믿고 싶고 멋진 크리스천이 되고 싶다는 외침입니다.

그 질문에 답을 해 줄 수 있는 부모와 교사 그리고 목회자가 될 수 있도록 힘써야 합니다. 이 책이 궁금했던 질문들을 해소하는 데 큰 도움이 될 것입니다.

십 대들은 때로는 자주 절망합니다. 이 책에서도 말하고 있지만 우리는 완전히 망가질 수 없는 존재입니다. 아무리 끔찍한 죄를 지었다 해도 구원하기를 기뻐하시는 분이 계십니다. 십 대들의 물음표에 대해 여러 모양의 하나님의 느낌표를 선물로 받기 바랍니다. 이 시대를 살아가는 모든 십 대들을 응원합니다. 누구도 감당치 못하는, 이 시대를 이끌어 갈 수 있는 리더가 되길 기도합니다.

두란노 〈새나〉 편집장 **노희태**

"진리는 사자와 같다. 그것을 우리 밖으로 내보내면 스스로를 방어할 것이다."라는 누군가의 말처럼 좋은 질문을 하는 것을 두려워해서는 안 됩니다. 하나님의 진리는 궁극적으로 알 수 있게 되어 있기에 누구든지 정직하게 질문하고 진정한 의지로 증거를 따른다면 진리를 알게 될 것입니다.

여러분을 위해 쓰인 이 책을 진심으로 추천합니다. 이 책은 많은 사람이 제기하는 질문들, 즉 하나님, 성경, 고난의 문제, 창조와 진화, 도덕, 죄, 구원, 은혜, 예수님의 주장들을 다루고 있습니다.

간혹 신실한 크리스천 중에서 "질문하지 말고 그냥 믿으라"고 말하는 사람이 있습니다. 하지만 그리스도에 대한 믿음은 반과학적이지 않으며 객관적인 사실에 바탕을 두고 있습니다. 기독교는 성경의 진리에 기초하지만, 증거나 논리와 대립하지 않습니다. 예수님께서도 요한복음 5장에서 예수님을 믿어야 할 여러 이유를 알려주셨고, 요한복음 7장에서는 하나님의 뜻을 행하려는 사람은 예수님의 가르침이 어디로부터 왔는지 알 수 있다고 하셨습니다. 정작 중요한 것은 사람들이 정말로 진리를 알고 싶어 하느냐입니다.

모든 사람은 세계관을 가지고 있습니다. 기독교 세계관은 창조, 타락, 구원의 3가지 핵심 단어로 요약할 수 있습니다. 기독교에서는 하나님께서 사랑과 목적을 가지고 무에서 물질세계를 창조하셨고, 세상과 사람들은 죄의 결과로 타락하게 되었다는 전제를 받아들입니다. 이런 관점에서 세상 속에서 보이는 깨어짐, 무질서, 혼돈을 보면서 뭔가 문제가 생겼음을 인정합니다.

하나님은 세상을 너무나 사랑하셔서 하나뿐인 아들 예수 그리스도를 구원자와 구세주로 이 부서진 세계에 보내셨습니다. 예수 그리스도를 믿는 사람은 죄의 용서와 영원한 생명이라는 선물을 약속으로 받습니다. 사도 바울은 로마서 2장 8절에서 진리를 따르지 않으려는 사람들에 대해 경고했습니다. 진리는 결코 단순하게 동의하면 되는 것이 아니라 복종해야 하는 것입니다. 여러분이 이 책을 읽으면서 진실한 마음으로 진리를 깨달아 믿고 진심으로 사랑하고 복종하게 되기를 소망합니다.

주님의교회 담임 목사 **스캇 브레너**

『십 대들의 물음표? 하나님의 느낌표!』 번역본 출간을 축하합니다. 우리나라 과학교육의 전반은 진화론을 기초로 하고 있습니다. 이 시대를 살아가는 청소년뿐만 아니라 기성세대들 모두 진화론을 근거로 한 과학교육을 받았습니다. 하지만 크리스천들은 하나님의 창조를 과학을 통해서도 배우고 이해해야 합니다.

진화론이 창조론보다 과학적인 근거나 배경이 더 약하다는 것이 많이 알려지고 있지만, 여전히 세속과학에서 저명한 학자로 인정받기 위해서는 진화론에 더 큰 비중을 두어야 한다는 보이지 않는 흐름이 여전합니다.

이제는 창조론에 입각한 과학에 한발 더 나아가야 합니다. 새롭게 자라나는 다음 세대에게는 하나님께서 천지를 창조하신 창조 신앙에 기본을 둔 창조과학을 가르쳐야 합니다. 이를 토대로 과학계의 주도권을 창조론으로 옮겨와야 합니다.

그러한 기초 작업을 위해 이 책이 큰 역할을 감당해 줄 것이라 믿습니다. 이 책이 우리나라의 청소년들에게 창조 신앙으로 세상을 변화시키는 밑거름이 되기를 기대합니다.

한동대학교 前 총장 **장순흥**

그동안 교회에서는 성경을 철저하게 가르치지 못한 반면, 공교육 현장에서는 과학이라는 이름으로 진화론을 철저하게 가르쳐왔습니다. 그 사이에 우리의 청소년들은 성경과 진화론 사이에서 혼란과 갈등에 휩싸이게 되었습니다. 그들은 성경에 대하여 다양한 의문을 품고 있습니다. 이 책은 그러한 의문들을 선별하여 일목요연하게 답하고 있습니다. 십 대들이 성경에 대하여 제기하는 질문들이 제대로 다루어진다면, 올바른 성경적 신앙으로 나아가는 건강한 징검다리가 될 수 있습니다.

이 책은 십 대들을 위한 책이면서 동시에 십 대를 기르고 가르치는 부모와 어른들을 위한 책이기도 합니다. 십 대들은 이 책을 읽으면서 그간 품었던 의문들에 대한 성경적인 답을 얻게 될 것입니다. 부모와 어른들은 갈등하는 십 대와 마주 앉아 대화하며 그들의 의문에 답해줄 확실한 성경적 답을 확보하게 될 것입니다. 진화론에 이끌려 신앙에서 멀어져가는 이 시대의 청소년들을 위하여 한국창조과학회가 이 책을 번역 출간한 것은 매우 고마운 일입니다.

아무쪼록 십 대들과 부모들, 그리고 그들을 가까이 접하며 가르치는 어른들에게 이 책이 널리 보급되고 읽히면서 혼란의 시대에 바른 성경적 신앙을 확립하는 데 큰 유익을 얻게 되기를 기대합니다.

합동신학대학원대학교 *前* 총장 **정창균**

Introduction

저는 오랫동안 십 대 사역을 해왔습니다. 많은 분들이 십 대들에 대해 오해를 하고 있는데요. 십 대들은 보통의 어른들이 생각하는 것보다 훨씬 스마트합니다. 제가 함께 지내온 젊은 친구들은 특히나 지적이고 밝은 친구들이었습니다.

그래요. 몇몇은 특정 영역에서만 영리함을 발휘합니다. 예를 들어 어떤 친구들은 음악에서, 어떤 친구들은 과학에서, 또 다른 친구들은 스포츠 분야에서 스마트해 보여요. 그렇지만 제가 말하고 싶은 것은 십 대들이 사람들이 생각하는 것보다 훨씬 더 반짝반짝하다는 겁니다. 그래서 이 시리즈의 책에서는 소화하기 쉽게 잘게 다진 고기(bunch of fluff)는 빼고, 생고기를 구워 먹는 것과 같은(have some meat to them) 견고한 성경적 대답들을 다루고자 합니다. 또한, 영화나 학교에서 다양한 방법으로 강요되는 무신론이나 진화론과 같은 세속적인 영역에 도전하는 내용을 담으려고 합니다. 이 책에서는 여러 질문에 대해서 같은 관점에서 이야기하기 위해 필요한 단어, 사람들, 세계관에 대해서 다음과 같이 정의하고자 합니다 세속적 인본주의(Secular humanism)란, 하나님이 아닌 인간에게 모든 분야에 관한 최종적인 권위가 있다는 견해를 가진 일종의 종교입니다. 실제로 이 종교는 하나님이 존재하지 않는다고 가르치며, 초자연적인 존재는 없고 오직 자연과 물질만 있다고 주장합니다. 공립학교에서 허용되는 유일한 종교입니다.

진화론(Evolution, molecules-to-man evolution)은 세속적 인본주의라는 종교적 견해의 일부분입니다. 이 진화론에는 다음과 같은 4가지 대표 주장이 있습니다.

천문학적 진화(Astronomical evolution)는 물질과 에너지가 아무것도 없는 데에서부터 저절로 생겨났다고 주장하고, 우주는 빅뱅이라고 부르는 사건을 통해 스스로 생겨났다고 가정합니다.

지질학적 진화(Geological evolution)는 지층이 오랜 시간 동안의 퇴적을 통해 생겨났다고 말합니다. 다시 말해서 지층이 전 지구적 규모의 홍수,

지진, 화산 폭발과 같은 격변적 사건 없이 오랜 시간 동안 천천히 쌓였다고 주장합니다.

화학적 진화(Chemical evolution)는 무생물로부터 생명이 시작되었다고 주장합니다. 화학 물질들이 우연히 최초의 생명체를 이루게 된 것이라고 추정합니다.

생물학적 진화(Biological evolution)는 최초의 생명체가 변이와 자연선택을 거치면서 오랜 시간 동안 진화했고, 점점 복잡한 생명체가 되어 오늘날에 이르렀다고 주장합니다.

자연 선택(Natural selection)은 Ed Blyth라는 기독교인이 다윈보다 25년 먼저 주장한 것으로, 종류(kind)대로 창조된 생명의 다양성을 설명하기 위한 일련의 프로세스를 말합니다. 다윈은 이 프로세스가 진화를 이끌어 낸다고 주장했습니다. 그런데 이 자연 선택의 과정은 실제로는 유전정보를 잃어버리는 방향으로 진행되므로 진화와는 다른 방향으로 가게 됩니다. 따라서 현대 진화론자들 중에서 다윈주의적 진화에 동의하지 않는 사람이 많습니다.

돌연변이(Mutations)는 컴퓨터 파일을 복사하다가 에러가 나는 것처럼 생명체의 DNA(deoxyribonucleic acid, 생명을 구성하도록 하는 정보)가 바뀌는 것을 의미합니다. 대부분의 돌연변이는 별 영향이 없지만, 때로는 암이나 기형과 같은 심각한 문제를 일으키기도 합니다. 진화론자들은 돌연변이가 단세포 생명체로부터 사람까지 진화되는 원동력이라고 생각하고 있습니다. 실제로는 돌연변이는 진화와는 다른 방향으로 움직입니다.

예수 그리스도(Jesus Christ)는 창조주이십니다(요한복음 1장, 골로새서1장, 히브리서1장). 삼위일체 하나님의 두 번째 위격이십니다. 하나님이셨지만 인간의 몸을 입고 역사 가운데 오셔서 우리를 위해 우리 죄를 지시고 십자가에 죽으셨습니다. 오직 예수 그리스도를 통해서만 죄와 죽음으로부터 구원받을 수 있습니다.

삼위일체(Trinity)는 성경에 드러난 하나님의 인격과 속성을 설명하기 위해 사용하는 용어입니다. 하나이신 하나님은 세 위격을 가지십니다. 성부 하나님, 성자 예수님, 성령님. 완벽한 비유는 없지만, 초대교회 교부들은 정삼각형을 사용했습니다. 정삼각형의 세 꼭지점은 동일하면서도 다릅니다. 각각의 각을 이루는 선이 다른 각을 이루는 하나의 삼각형을 만듭니다.

성경적 기독교(Biblical Christianity)는 하나님과 하나님의 말씀이신 성경이 모든 분야에서 최종적인 권위를 가진다고 믿는 종교입니다.

성경(The Bible)은 기록된 하나님의 말씀입니다. 유대인 선지자들을 통해 구약을 주셨고, 초대교회 사도들을 통하여 신약을 주셨습니다. 성경은 구약 39권 신약 27권으로 총 66권입니다.

무신론(Atheism)은 '하나님은 없다'고 주장하는 세속적 인본주의의 일종입니다. (이런 주장을 하려면 자연 세계와 초자연적인 세계를 동시에 볼 수 있어야 할 텐데, 이렇게 할 수 있는 사람이 있을까요?)

불가지론(Agnosticism)은 하나님의 존재 여부를 아는 것은 불가능하다고 주장하는 세속적 인본주의의 일종입니다. (불가능하다는 것을 어떻게 알 수 있을까요?)

창조론자(Creationists)는 기원을 포함한 모든 영역에서 하나님의 말씀인 성경이 최종적 권위를 가지고 있다고 믿는 사람들입니다. 성경적 지구의 연대, 성경에 기록된 인간의 타락, 전 지구적 홍수를 포함한 성경 속의 창조의 기록들을 믿는 성경적인 기독교인들입니다.

종류대로의 창조(Created kinds): 성경은 종류대로의 창조를 이야기합니다. 종류(kinds)는 종(species)과는 다릅니다. 말 종류, 개 종류 와 같이 사용할 수 있습니다. 종류를 구분함으로써 다른 동물이라는 표현이 가능합니다. 예를 들면, 당나귀와 얼룩말은 같은 종류인 말 종류라고 할 수 있습니다. 그래서 수컷 얼룩말과 암컷 당나귀 사이에서는 존키(zonkey)라는 후손이 태어납니다.

지금까지 같은 관점에서 논의를 시작하기 위한 용어들을 정리해 봤습니다. 다른 용어들은 이 책의 문맥에 맞게 사용하겠습니다.

자! 여러분, 이제 시작합시다.

Bodie Hodge

01

성경은 뭘 잘 모르는
옛날 사람들이 썼잖아요.

그런데 어떻게
성경이 사실이라고
믿을 수가 있나요?

사람들이 뭘 잘 몰랐었다고요?

음… 먼저 '사람들이 뭘 잘 몰랐다'라는 잘못된 부분에 대해서 이야기해야겠네요. 이것은 진화론적 가정이에요. 진화론적 이야기에 따르면, 사람들은 원숭이 같은 동물로부터 진화했고, '어리석은 짐승(dumb brutes)'에서 점점 똑똑해진 존재라고 생각해요.

하지만 성경에 따르면, 하나님은 아담과 하와를 완벽하게 만드셨어요! 사실, 그들은 완벽하게 프로그램되어 있었고, 처음부터 하나님과 이야기할 수 있었어요! 그래서 사람들은 정말로 영리 했고요, 처음부터 뭘 잘 아는 존재였어요. 정말 멋지지 않나요?

증명할 수는 없지만 좋은 답변들

많은 신실한 기독교인들이 성경이 참이라는 다양한 주장들을 해 왔습니다. 하지만 대부분의 주장들이 사용하기에 그렇게 좋은 것은 아니었어요. 그 주장들은 성경이 참이라는 좋은 증거 일수는 있지만, 확실히 증명한 것은 아니라고 할 수 있어요. 몇 가지 예를 들어 볼게요.

- **성경은 성경을 하나님의 말씀이라고 말합니다. 그래서 진리입니다. 왜냐하면 하나님은 진리이시기 때문입니다.**

만일 '김철수'라는 친구가 글짓기를 하면서 그 글이 하나님의 말씀이라고 주장한다면 그것이 하나님의 말씀이 될까요? 당연히 아니죠. 그러나 성경이 하나님의 말씀이라고 이야기하는 것은 중요해요. 그렇지 않으면, 성경이 하나님의 말씀이라고 생각할 이유조차도 없어지기 때문입니다.

- **성경에 대한 다양한 사실들 그리고 성경의 독특함**

성경은 정말 독특한 책이에요. 약 2,000여 년 동안, 양치는 목동에서 왕까지 다양한 40여 명의 저자들에 의해 쓰였어요. 과학적으로, 고고학적으로, 역사적으로 정확하며, 오류가 없을 뿐 아니라, 성경 속 예언들은 100퍼센트 들어맞았습니다. 또한, 인류의 타락과 그리스도를 통한 구원이라는 일관된 주제를 가지고 있어요. 그리고 성경의 마지막 두 장은 성경의 첫 세 장에서 일어난 일의 회복을 말씀하고 있어요! 그러나 이러한 것들 역시 성경의 진실성에 대한 증거가 될 수는 없어요.

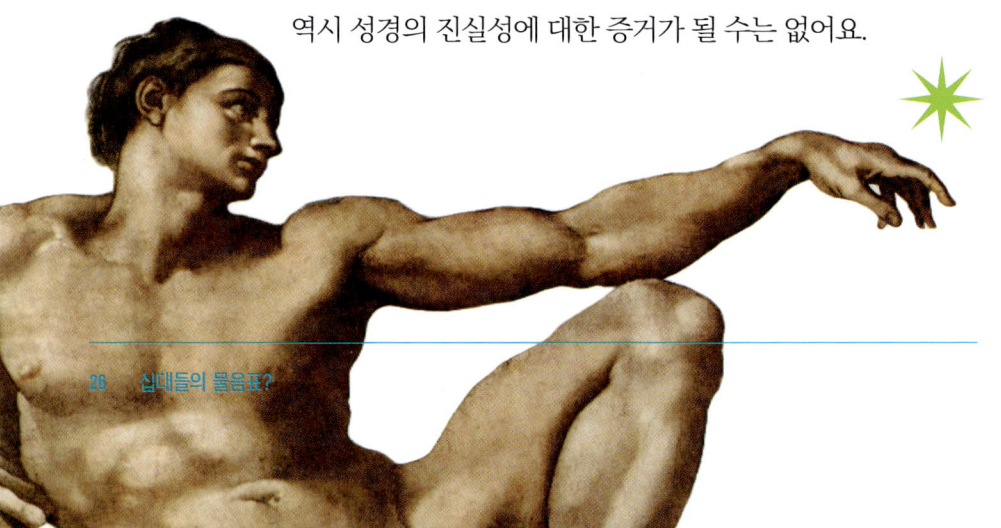

우리는 이 모든 성경에 대한 내용들이 사실일 것이라고 예상하지만 그럼에도 불구하고, 확실한 증거가 되지는 못합니다.

그렇다면, 적절한 대답을 좀 더 구체적으로 살펴봅시다.

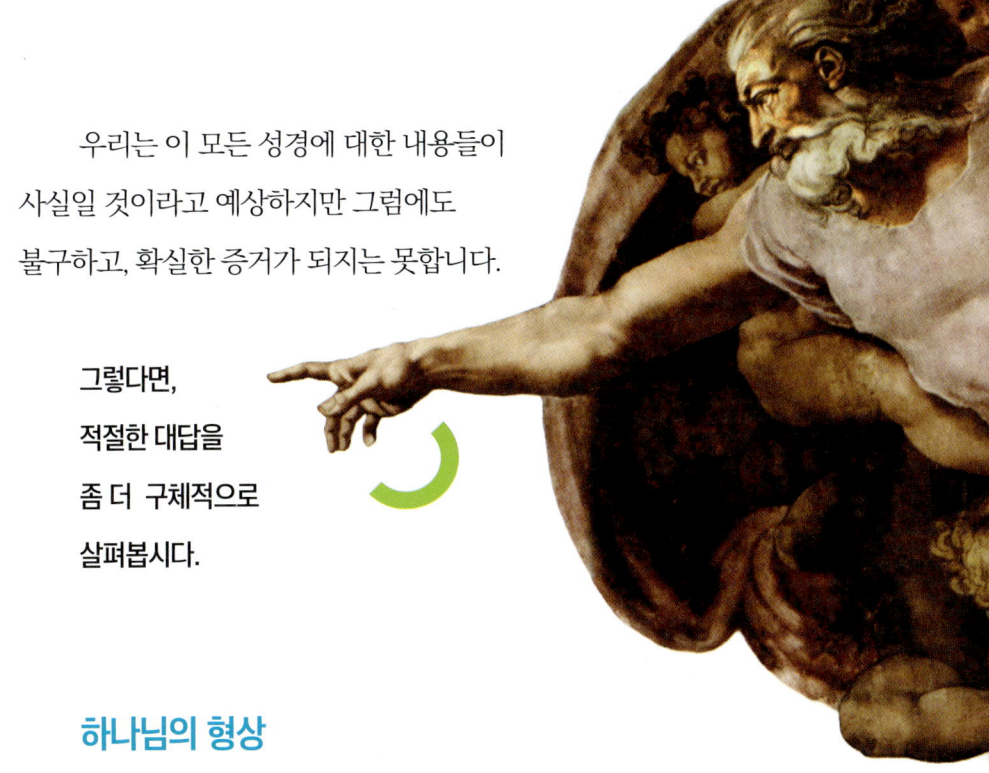

하나님의 형상

하나님께서는 인간을 창조하실 때, 식물이나 동물과는 다르게, 하나님의 형상대로 창조하셨습니다. 이 사실을 잠시 생각해 봅시다. 우리는 진실하고, 논리적이며, 사랑이 많으신 하나님의 형상대로 지음 받았습니다! 우리가 서로 보살피고, 논리적으로 생각하며, 진리가 무엇인지를 이해할 수 있는 이유는 바로 우리가 하나님의 형상대로 지음 받았기 때문입니다. 우리가 '성경이 진실입니까?'라는 질문을 할 수 있게 하는 이유도, 우리가 '논리적으로' 생각할 수 있는 이유도 우리 안에 있는 하나님의 형상 때문입니다. 다람쥐가 성경이 사실이냐는 질문을 하겠어요?

생각해보세요. 만약 성경이 사실이 아니라면 진리가 존재하기 위한 기반이 사라집니다. 또, 논리가 존재하는 근본적인 이유도 없을 거예요. 실은, 지식 자체가 존재하는 근거를 상실하게 되는 거죠! 옷을 입는 이유, 주말이 있는 이유, 결혼과 사랑, 과학과 문학이 존재하는 근본적 이유가 사라지게 되는 거예요. 성경에 대하여 이런 식으로 생각해 본 적이 있나요?

그러면 성경이 진실이라는 것을 어떻게 알 수 있죠?

**답은 간단합니다.
성경은 진실이어야만 해요.**

성경 이외의 모든 다른 세계관은 지식의 존재를 설명하기에 충분하지 않아요. 성경은 지식과 논리의 근본적인 이유를 설명할 수 있는 유일한 책입니다. 다른 말로 하면, 성경이야말로 지성이 가능하다는 것의 근원적인 정보를 알려주는 유일한 책이라는 거죠.

다른 세계관들 (이슬람, 힌두교, 몰몬교, 무신론, 불가지론 등)은 사물을 이해하기 위하여 성경적 개념들을 빌려 와야 해요. 과학과 도덕성, 논리 모두 성경으로부터 나오는 줄기라고 할 수 있어요. 그래서 반복해서 말하자면 성경이 사실이 아니라면, 지식의 존재는 불가능하게 됩니다. 달리 말하면, 만약 성경이 진리가 아니라면, 좋은 것이든 나쁜 것이든, 그 어떤 것도 말이 되지 않는 거죠. 모든 것이 의미 없고 가치 없게 됩니다. 좀 복잡하게 들릴 겁니다. 하지만 두려워할 필요는 없어요. 예를 들어 볼게요.

한 모임에 초대받은 적이 있었는데요. 거기서 진화론을 지지하는 무신론자가 젊은 기독교인 아가씨에게 질문을 하고 있었습니다. 제가 다가갔을 때, 그 무신론자는 이 아가씨에게 질문을 퍼붓고 있었고, 그녀는 답변할 기회조차 없었어요. 그녀가 답변하려고 하면, 그 무신론자는 꽤 공격적인 말투로 또 다른 질문을 이어갔습니다. 제가 대화에 참여하려고 할 때, 그는 기독교를 비판하는 장황한 질문들을 던졌습니다. 제가 대답하려고 하면, 그는 제 말을 끊고 다른 질문을 했습니다.

저는 그가 명백히 성경을 믿지 않으며, 그것이 이런 부정적인 질문을 하는 주된 이유라는 것을 깨닫게 되었습니다. 게다가 그는 별로 답변을 들으려고 하지 않았어요. 그가 숨을 고를 때, 저는 그를 조용하게 만든 하나의 질문을 던졌습니다. "당신은 왜 옷을 입고 있어요?" 그는 놀라서 할 말을 잃었습니다. 저는 다시 이야기했어요. "동물들은 아침에 일어나서 옷을 입지 않아요." 계속해서 이야기했어요. "당신은 무신론자이니까, 인간은 단지 동물에 불과하다고 믿으실 텐데요. 그러면 당신은 왜 옷을 입으세요?"

그는 잠시 멈추고 생각하더니 다음과 같이 말했습니다. "왜냐하면 춥기 때문이죠." 저는 즉각 다음과 같이 이야기를 이어갔습니다.

"그러면 따뜻해지면 옷을 입지 않으실 거예요?"

분명히, 그는 그가 주장하는 세계관 하에서 왜 그가 옷을 입는지에 대하여 생각해 본 적이 없었을 겁니다.
하지만 그는 셔츠와
바지를 입고 있었죠!

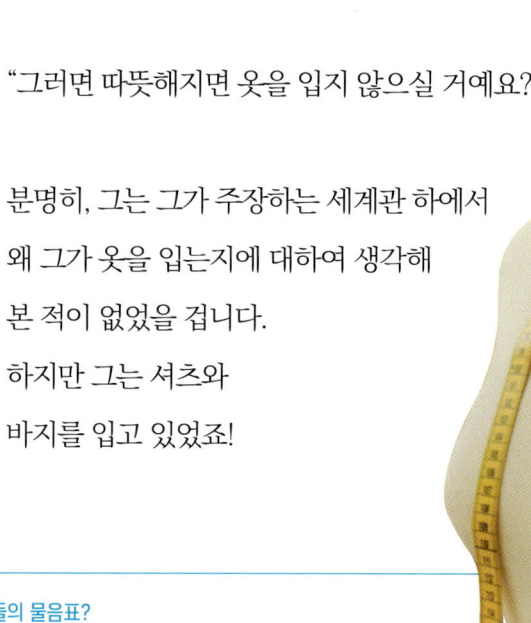

저는 그에게, 그가 옷을 입고 있는 이유는, 문자 그대로의 창세기에서, 문자 그대로 아담과 하와가, 문자 그대로 선악을 알게 하는 나무의 실과를 먹고, 문자 그대로 하나님께 불순종함으로 말미암아, 문자 그대로 수치스럽게 되었기 때문이라고 설명해 주었습니다. 하나님은 동물을 죽이심으로 아담과 하와의 수치를 덮어주셨습니다.

따라서 결과적으로 우리는 옷을 입습니다. 그리고 당신의 마음 중심에는 하나님이 계시며 성경이 진실되다는 것을 알고 있습니다. 왜냐하면 당신의 옷을 입는 행동은 당신이 수치스러움을 안다고 하는 사실을 드러내기 때문입니다(로마서 1장).

    그리고 저는 그가 결혼반지를 끼고 있는 것을 봤습니다. 그래서 이렇게 물어보았죠 "당신은 왜 결혼하셨어요?" 그는 그의 아내를 사랑했기 때문이라고 말했어요. 저는 "무신론적 세계관 하에서는 사랑과 슬픔은 별 차이가 없는, 단지 뇌 안에서 일어나는 궁극적으로 무의미한 화학작용일 뿐이다"라는 것을 이야기했습니다.

맞아요. 무신론자들은 정말로 그렇게 믿고 있어요!

우리가 하나님의 형상대로 지어졌다는 기독교적인 세계관으로 생각해 볼 때 사랑은 명백히 존재합니다.

저는 또 결혼한다는 것은 무신론자들이 가르치는 것과 반대되는 행동이라고 이야기해줬습니다. 무신론적 진화론적 이야기에서는 단지 하나의 목적만이 존재하죠. 그것은 당신의 유전자를 가능한 한 많은 사람들에게 전달하는 것입니다. 결혼을 하고 한 여자에게만 충실한 것은 진화론적 무신론자들이 주장하는 것에 반대됩니다.

저는 계속해서, 결혼은 성경으로부터, 특히 창세기에 나온다고 이야기했습니다.

왜냐하면 하나님은 문자 그대로 한 남자와 한 여자를 창조하셨고 짝을 지어주셨고 그것이 바로 첫 번째 결혼이라고 이야기해줬습니다.

　　대화가 끝나고, 그 무신론자는 자신이 믿고 싶은 내용이 아닌 우리가 토론한 내용을 곰곰이 생각해 보게 되었습니다. 적대적인 어조는 사라졌고, 자신의 무신론적 세계관에서는 제 질문에 방어할 답변을 가지고 있지 않다는 것을 깨닫게 되었죠.

　　제가 했던 일은, 자신을 무신론자이자 진화론자라고 주장하는 사람이라면, 옷을 입고 결혼하는 것에 대해서 설명할 수 있는 논리를 전혀 가지고 있지 않다는 것을 보여주는 것이었습니다. 이러한 것들은 성경이 진실이라는 사실로부터 나옵니다! 그래서 저는 단지 그가 어떤 부분에서 본인은 깨닫지 못하면서도 성경적 개념들을 빌려서 사용하고 있는지를 보여줄 필요가 있었습니다. 이 일은 사람들이 그들 마음 중심에는 성경이 진실임을 이미 알고 있다는 것을 드러내는 것입니다(로마서 2:15).

그리고 사람들은 많은 경우 무의식적으로, 의도하지 않은 채, 성경에 따라 살고 있어요.

그러나 그들의 종교는 성경이 사실이라고 믿지 않아요. 성경에 반대하는 주장을 펼칠 때 조차도, 성경적 개념 (논리의 법칙 등)을 빌려야 하는 것입니다!

이 사실이 그렇게 중요할까요?

만약 성경이 사실이 아니라면, 우정, 사랑, 도덕성 등이 타당한 것이 아니라는 것이 명백합니다. 슬프게도, 오늘날 많은 아이들은 성경이 진실이 아니라고 배우며, 정말로 삶을 무의미하게 살고 있습니다. 그렇지 않나요? 그리고 이에 따른 처참한 결과들을 우리 주위에서 이미 보고 있습니다.

02

Dr. Tommy Mitchell

하나님은 정말 위대하신 분인데,

왜 지진, 홍수, 전쟁 같은 나쁜 일들과 수많은 고통들이 생겨나게 하실까요?

세상에서 일어나는 지진, 홍수, 전쟁과 같은 '나쁜' 일들은 궁극적으로 우리의 죄악의 결과입니다. 자연재해와 같은 것은 실제로 하나님과 분리된 삶이 어떠한 지 부분적으로 경험하게 해 주는 것입니다. 그것은 우리로 하여금 죄의 결과가 매우 심각하다는 것을 깨닫게 해 줍니다.

태초에 하나님께서 세상을 창조하셨고, 하나님은 그것을 "심히 좋았다" (창세기 1:31)고 말씀하셨습니다. 거기에는 죽음도, 고난도, 고통도 없었습니다. 이 '심히 좋은' 창조세계에 죽음과 타락을 가져온 것은 아담의 불순종이었습니다. 사실상, 아담은 그의 행동을 통하여 다음과 같이 말한 셈입니다. "하나님, 저는 하나님의 법을 좋아하지 않습니다. 저는 제가 살기 원하는 방식대로 살고 싶습니다." 아담은 하나님께 순종하거나 불순종할 선택권을 가지고 있었어요. 그는 명백히 옳지 않은 결정을 내렸습니다. 이 세상은 그날 이후로 그 결정의 영향력 아래 있습니다.

하나님은 이 세상에 대한 공의로우신 재판관이십니다 (시편 9:8, 시편 50:6). 창세기 18:25는 "세상을 심판하시는 이가 정의를 행하실 것이 아니니이까?"라고 말씀하십니다. 그는 공의로우시기 때문에, 죄를 심판하셔야만 합니다. 하나님은 아담의 죄를 심판하셨습니다. 그 형벌은 죽음이었습니다.

아담은 살 권리를 몰수당했습니다. 아담과 하와의 영향력 아래 있던 완벽한 창조세계는 저주받았습니다. 아담과 하와가 타락했을 때, 그들의 지배하에 있던 모든 세계가 타락한 것입니다(창세기 3; 로마서 8:22). 이 모든 일은 인간의 반역 때문에 발생했습니다.

하나님은 전능하십니다(욥기 42:2). 하나님은 피조 세계를 주관하십니다. 그는 온 땅과, 바다 우주의 창조주이시며, 바람과 파도도 그분께 순종합니다(마태복음 8:23-27). 그러나 그분은 또한 온 창조물의 심판자이시기 때문에, 죄를 간과하실 수 없습니다 (He cannot overlook sin). 만약 죄를 간과하신다면, 그것은 하나님의 성품에 반하는 것입니다; 그리고 하나님은 그의 성품에 반해 행동하실 수 없습니다.

슬프게도, 세상에는 전쟁이 일어납니다. 전쟁은 사람들이 사이좋게 지낼 수 없기 때문에 일어납니다. 어린아이들이 죽는 것을 보게 됩니다. 지진과 쓰나미와 같은 재앙이 존재합니다. 만약 하나님이 사랑이시라면, 왜 이러한 일들이 일어날까요? 다시 질문해본다 해도, 우리의 잘못 때문이라고 대답할 수밖에 없습니다. 그러니 우리는 하나님을 탓하는 것을 멈추고, 그것이 우리의 죄로 인한 것임을 인정할 필요가 있습니다.

누가 이 세상을 파괴했습니까? 우리가 그랬습니다!

아담으로 인해, 우리는 하나님과 분리되었습니다. 그리고 우리는 영원히 분리될 수밖에 없습니다. 우리의 육신은 죽을지라도, 우리의 영혼은 영원히 살 것입니다. 우리가 하나님의 형상으로 지음 받았기 때문입니다. 하나님은 우리가 죄의 영향과 하나님으로부터 영원히 분리되는 것으로부터 구원하실 계획을 가지고 계셨습니다. 하나님은 성자 예수 그리스도라는 인물로 역사에 개입하셨습니다. 그리고 그는 십자가에 달려 돌아가심으로 우리의 죄에 대한 대가를 치르셨습니다. 그는 죽음에서 부활하셨고 받고자 하는 모든 사람에게 구원이라는 선물을 값없이 주셨습니다. 예수님께서 죽음을 정복하셨고 최종적 권능을 가진 분이라는 것을 의미합니다.

하나님은 이 세상에서 나쁜 일들이 일어나는 것을 막으실 수 있습니다. 그럼에도 불구하고, 하나님이 선하시기 때문에, 나쁜 일들이 일어나는 것들을 허락하시는 이유가 있다는 것을 인정할 수 있습니다. 비록 유한한 존재인 우리가 그것을 모두 이해할 수 없더라도 말입니다. 하나님은 선하게 역사하시며, 우리는 그분이 영광 받으시도록 기도합니다(로마서 8:28). 이것의

하나님의 느낌표!

가장 중요한 본보기가 있다면 그것은 예수님의 십자가 사건입니다(요한복음 3:16). 십자가 자체는 악한 사건입니다. 그러나 하나님은 그 십자가를 받고자 하는 사람들에게 구원의 방법으로 사용하셨습니다.

이 문제를 다른 방식으로 생각해 볼까요! 하나님은 선하시므로, 하나님은 무엇이 좋고 나쁜지를 정의하십니다. 따라서 하나님과 하나님의 말씀을 믿고 있는 사람들만이 어떤 사건 '좋다' (이를테면 질병 치료, 아기의 탄생)고 선언할 수 있고, 또 다른 어떤 사건을 '나쁘다' (예를 들어 생명을 앗아가는 쓰나미 같은 것)라고 할 수 있습니다.

만약에 하나님이 존재하지 않는다면, 좋은 것과 나쁜 것을 결정하는 근거는 무엇입니까? 바로 나 자신입니다. 바로 여러분 자신입니다. 우리들은 각각은 무엇이 옳고 그른지를 결정할 것입니다. 그런 세상을 상상해 보세요! 하나님을 믿지 않는 사람들은 무엇이 선이고 무엇이 악인지 대한 절대적 기준을 가지고 있지 않습니다.

따라서 우리가 선과 악에 대한 질문을 할 때, 스스로의 기준을 만드는 것이 아니라, 하나님의 기준을 받아들이고 있는지를 확인할 필요가 있습니

다. 우리가 교실에서나 인생에서 우리 각자의 법칙을 만들 수 있다면 재미있을 것 같다는 유혹이 들기도 하겠지만, 정말 모든 것이 엉망진창이 될 거예요. 규칙이 존재하는 데에는 이유가 있어요.

어떤 형태로든 비극적인 소식을 듣게 될 때, 그것이 일어나는 이유가 바로 우리의 죄 때문이라는 것을 기억하고, 그 어려움에 처한 사람들을 도울 방법들을 찾을 수 있습니다. 필요한 물건이나 돈을 기부한다거나, 재난 시 자원봉사자로서 일할 수 있습니다. 그러나 가장 중요한 것은, 주님께 고통당하고 있는 사람들을 도와주시도록 기도하는 것입니다. 우리는 고통당하고 있는 사람들이, 고통과 시련의 때에 하나님과 멀어지는 것이 아니라 하나님께로 돌아서도록 기도해야만 합니다. 하나님은 죄의 상태에 머물러 있는 곳으로부터 우리를 구하시길 원하십니다. 이러한 어려운 때야말로 오직 주님만이 주실 수 있는 참된 평화가 필요한 때입니다(빌립보서 4:7). 오직 하나님만이 이 타락하고 저주받은 세상에서 참된 평안의 근원이십니다.

Bodie Hodge

저는 하나님이 세상을
창조하신 것을 믿어요. 그런데,

지구가 얼마나 오래 되었는지가 그렇게 중요한가요?

넵. 중요하죠. 왜냐하면요.

성경은 하나님께서 만물을 6일 만에 창조하셨다고 말씀하고 있어요. 지구는 첫째 날 창조되었고요. 이것이 일주일(week)의 기원을 잘 설명해 줍니다(출애굽기 20:11; 출애굽기 31:17). 성령에 감동받은 모세가 출애굽기에서 이야기할 때, 이스라엘 백성들은 지금 보통 하루와 같은 24시간인 '날'이라고 이해했어요. 당연히 수백만 년 동안 일하고 백만 년 동안 쉬지 않았겠죠!

사실, 최근까지 창조의 날들이 어느 정도의 시간 인지에 대하여 의심한 기독교인들은 거의 없었습니다. 창세기 1장에서 사용된 구절들, 예를 들면, '하루', '저녁이 되고 아침이 되니' 와 같은 구절에서도 단순히 각각의 하루는 약 24시간임을 밝힙니다. '날'은 몇 백만 년이 되는 기간을 나타내지 않습니다.

학교 수업을 백만 년 동안 계속 하면 어떨 거 같아요? 지금도 이미 수학 시간은 정말 길게 느껴지는데요!

창세기 5장과 11장에 '낳고 낳고'라고 되어 있는 족보들과, 이스라엘 백성들이 이집트에 있었던 기간, 그리고 이스라엘과 유다의 왕들이 다스렸던 기간을 잘 살펴보면, **아담으로부터 예수님이 이 땅에 오실 때까지의 기간이 대략 4,000년 남짓이라는 것을 알 수 있습니다.**

성경 자체는 지구가 대략 6천 년보다 훨씬 오래되었을 것이라는 여지를 남기지 않고 있어요. 성경은 하나님의 말씀이고, 하나님은 거짓말하실 수 없기 때문에(디도서 1:2), 우리는 성경이 지구의 나이에 대하여 가르치는 것을 신뢰해야 합니다. 이것은 구원에 대한 문제는 아닙니다. 구원은 오직 예수 그리스도를 믿는지에 관련된 문제입니다.

지구의 나이가 중요한 이유는, 하나님의 말씀을 신뢰하느냐 신뢰하지 않느냐의 문제이기 때문입니다. 많은 사람들은 하나님이 구원에 대하여 말씀하시는 것은 믿지만, 창세기는 믿지 않고 말이 안 된다고 생각하죠. 그러니까, 하나님께서 구원이나 영원에 대해서 말씀하시는 것은 믿지만, 세상의 시작과 사람의 시작에 관해서 말씀하시는 것은 믿으려 하지 않는 거죠.

무슨 일이 벌어지고 있는 걸까요?

오래된 지구에 관한 생각은 세속적 인본주의라는 종교적인 관점을 가지고 있습니다. 세속주의자들은 하나님과 하나님의 말씀을 거부하고, 화석을 포함한 암석층이 수백만 년에 걸친 오랜 세월에 걸쳐 형성되었다고 이야기합니다. 여기서 오래된 지구에 관한 생각이 출발했습니다.

하지만, 노아 시대의 대홍수로 인해 화석과 대부분의 퇴적 지층이 생겼습니다. 이후에 지역적 홍수, 화산 등으로 인해 몇몇 퇴적 지층이 형성된 부분도 있습니다. 사실 우리는 같은 증거를 사용합니다. 하지만 다른 관점에서 출발하고 있기 때문에 다른 해석을 하는 거지요. 하나님의 말씀에서 드러난 것으로부터 출발할 수도 있고, 퇴적 지층이 형성되는 것을 직접 관찰하지 못한 사람들의 생각으로부터 출발할 수도 있어요

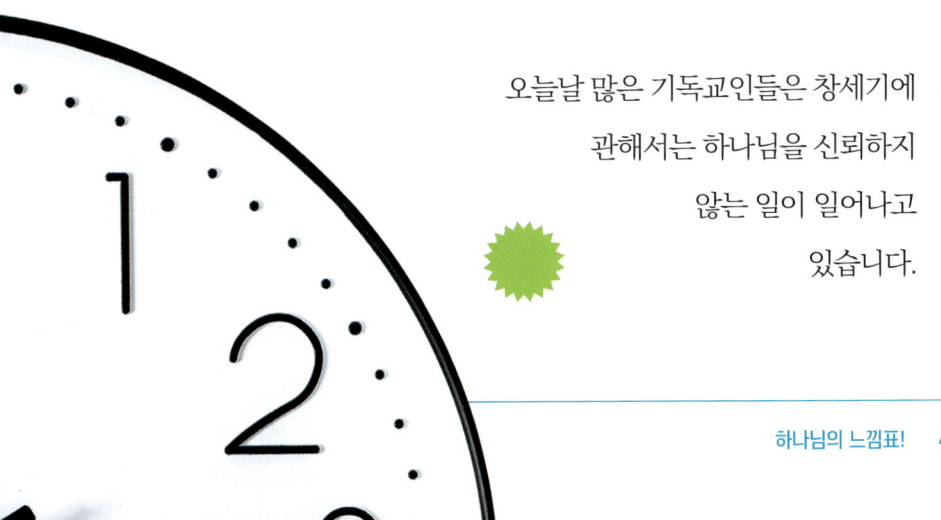

오늘날 많은 기독교인들은 창세기에 관해서는 하나님을 신뢰하지 않는 일이 일어나고 있습니다.

대신, 과거에 대하여, 완전하지 않은 인간의 생각을 신뢰하고, 오래된 지구라는 생각을 받아들였습니다. 다른 종교적 관점으로부터 나온 생각을 받아들이고, 성경과 혼합하고 있는 것입니다. (사사기에서 배운 혼합주의(syncretism) 기억하시죠?) 어떤 사람들은 그들이 믿고 싶은 기독교의 부분만을 골라서 믿고, 그것을 세속적 인본주의와 섞어버립니다. 이렇게 한다면, 과연 그들은 누구를 따라가는 것일까요? 하나님인가요, 사람인가요?

지질학적 진화, 천문학적 진화라는 관점에서의 빅뱅을 포함한 다른 진화론적 아이디어에 바탕을 둔 수백만 년이라는 시간을 받아들이고, 그것을 성경과 함께 섞고자 할 때, 그 긴 시간을 아담부터 그리스도까지의 족보 안에 끼워 맞출 수가 없습니다. 따라서 그들은 그 긴 시간을 창세기 1장에

집어넣으려고 합니다. 그러나 이러한 타협적 시도는 더 심각한 문제를 일으킵니다.

타락 이전의 죽음?

지구의 나이는 또 다른 중요한 성경적 진리 때문에 중요합니다. 하나님이 세상을 창조하셨을 때, 하나님께서는 매우 좋았으며 완벽했다고 선언하셨습니다(창세기 1:31, 신명기 32:4). 하나님께서 3일째 되던 날 만드신 식물들은 모든 살아있는 것들의 음식이 되었습니다(창세기 1:29-30).

아담이 불순종하여 선악과를 따 먹었을 때, 이 모든 것이 변했습니다(창세기 2:16-17). 하나님은 그 불순종으로 인해 아담과 하와를 벌하셨고, 그 죄는 우리 모두에게 영향력을 끼쳤습니다. 결과적으로 우리는 죄악으로 인해 저주받은 세상에 살고 있는 죄인들이며, 죄에 대한 형벌은 사망입니다(창세기 3; 로마서 5:12, 6:23). 우리가 왜 언젠가 모두 죽을까요? 바로 죄 때문입니다.

우리 주변에서 보는 모든 죽음은 아담의 불순종의 결과입니다.

하나님께서 창조하신 처음 세상에는 죽음은 존재하지 않았습니다. 그 어떤 동물과 사람도 암과 같은 질병으로 인해 감정적으로, 육체적으로 고통 받지 않았습니다. 그 어떤 식물들도 가시를 가지고 있지 않았고요. 그 어떤 공룡들도 다른 동물들을 잡아먹지 않았습니다.

그러나, 화석 기록은 죽음과 고통으로 가득 차 있어요. 죽은 동물들, 암에 걸린 것으로 보이는 뼈들, 가시 있는 식물들, 다른 동물을 잡아먹고 있는 동물들이 화석 기록을 통해 발견됩니다.

만약 화석이나 일반적인 지구가 고통과 죽음이 있는 수백만 년이라는 긴 세월을 나타낸다면, 죽음과 질병은 인간이 나타나기 아주 오래전부터 하나님의 창조의 일부분일 수밖에 없습니다.

죽음이 죄에 대한 심판이 아니라,

하나님이 '심히 좋은'이라고 표현하신 창조의 일부분이 될 것입니다. 그러나 성경은 죽음이 완벽하게 창조된 세상의 일부가 아니었다고 명백하게 선언합니다.

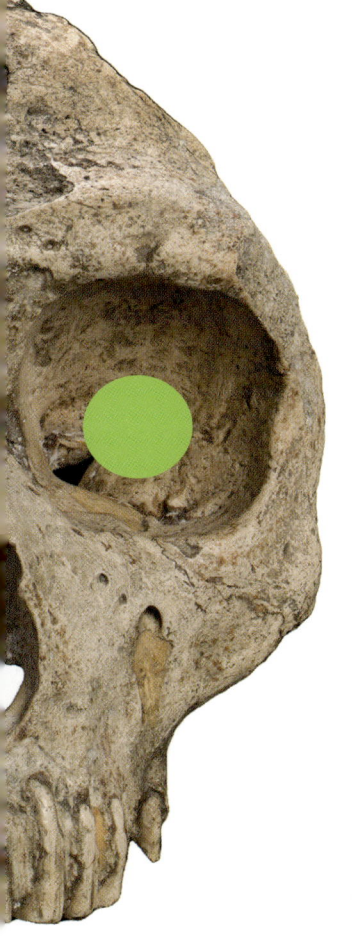

하나님은 죽음을 적으로 묘사하십니다. '맨 나중에 멸망 받을 원수는 사망이니라' (고린도전서 15:26). 죽음은 죄의 결과, 혹은 죄에 대한 심판입니다.

따라서 죽음은 죄 이전에 수백만 년이라는 긴 세월 동안 존재했을 수 없지요.

창세기 3:18의 저주의 결과로 인해서 생긴 가시도 존재했을 수 없습니다. 이러한 설명은 예수님께서 우리를 죄와 죽음으로부터 구원하시기 위해 오신 이유를 약하게 만듭니다!

수백만 년 동안의 죽음과, 질병, 가시 및 동물들이 서로 잡아먹었던 시절이 있다는 의견과 동물들이 식물들만 먹었던 '심히 좋은' 창조(창세기 1:20-30)가 있었다는 두 가지 의견을 조화시킬 수 있는 방법은 없습니다. 이렇게 인간의 타락 이후에 '신음하는' 세상이 되었습니다.(로마서 8:28). 만약 노아 시대의 대홍수 때 대부분의 지층과 화석이 형성되었다면, 우리는 죽음과 고통, 그리고 가시들을 화석이 나오는 지층에서 찾을 수 있을 것입니다.

과학 그리고 지구의 나이

마치 세속 과학자들이 지구의 나이가 수 십억 년 이상 되었다는 것을 '증명한' 듯 보일지 모르지만, 그렇지 않습니다. 사실, 지구의 나이를 추정하기 위해 사용된 대부분의 방법은 지구의 나이가 수백만 년이나 수 십억 년보다 훨씬 더 젊다는 것을 나타냅니다. 과학은 실제로 성경적 연대와 일치합니다.

예를 들어, 적절한 온도와 압력이 있다면, 수천수백만 년의 세월이 있어야 만들어진다고 배웠던 석탄이 단지 몇 주 만에 형성될 수 있다는 것을 보여주는 과학적인 실험이 있습니다.

게다가, 달은 점점 지구로부터 멀어지고 있어요. 만약 지구와 달이 정말로 40억 년 동안 함께 존재했고, 달이 과거에도 지금과 같은 속도로 멀어졌다면, 달은 15억 년 전에는 지구와 맞닿아 있어야 합니다. 만약 지구가 오래되지 않았다고 하면, 6천 년 전에 달은 지금보다 단지 240미터 정도 지구와 가까웠을 겁니다. 이것이 훨씬 더 이치에 맞아 보이지 않나요?

지구의 나이가 중요할까요? 정말 중요하죠.

우리는 하나님의 말씀은 말씀이 언급하고 있는 영역에서 최종적 권위가 있다고 믿습니다. 모든 영역입니다. 성경은 명확하게 하나님께서 만물을 약 6천 년 전에 6일 동안 창조하셨다고 가르치십니다. 달리 주장하는 다른 것들은 단지 의견입니다. 물론 대단한 학위를 가진 사람들의 의견일 수도 있지만, 특정한 가정에 근거한 의견일 뿐입니다. 그리고 어쨌든 이러한 견해들은 계속 변합니다. 하지만 모든 것을 아시고, 항상 옳으신 하나님은 변하지 않으십니다.

Ken Ham

누가 더 많은 증거를 가지고 있어요?

창조론자?
아니면 진화론자?

우리는 같은 증거를 가지고 있습니다!

슬프게도 대부분의 기독교인은 아마도 수백만 년 이상으로 오래된 지구를 지지하는 증거가 압도적으로 많다고 믿고 있을 겁니다. 창세기를 보수적으로 믿는다고 생각하는 사람들조차도, 젊은 지구를 주장하는 우리와는 반대되는, 오랜 지구를 지지하는 사실이나 증거가 산처럼 많다고 보는 경향이 있습니다. 안타깝지만 그런 관점으로 인해 성경이 말하는 역사를 거부하게 되고, 궁극적으로는 복음을 손상시키게 됩니다.

진화론자들이나 창조론자들 모두 기본적으로는 같은 문제를 가지고 씨름을 합니다. 그런데 그들 대부분은 이 문제가 증거 대 증거의 이슈가 아니라는 것을 이해하지 못하고 있습니다. 모든 증거들은 사실상 해석을 거쳐서 이해하게 됩니다. 원칙적으로 모든 과학자들은 동일한 데이터를 가지고 있지요.

저는 다양한 라디오 프로그램에서 진화론자들이나, 오랜 연대를 믿는

기독교인들과 자주 토론해 왔습니다. 가끔 이렇게 이야기하는 진행자가 있어요. "자, 오늘 우리는 창조의 증거를 가지고 있다고 믿는 창조론자와 진화의 증거를 가지고 있다고 믿는 진화론자를 모셨습니다."

그러면 저는 진행자를 멈추고 다음과 같이 이야기합니다. "명확하게 할 필요가 있어서 이야기 드리는데요. 저는 사실 진화론자가 가진 것과 동일한 증거를 가지고 있습니다. 그러니까 이 논쟁은 증거나 사실에 관한 것이 아니에요. 우리는 다 똑같은 증거를 가지고 있어요. 우리는 같은 지구, 같은 우주에 살고 있고, 같은 동물 화석과 식물 화석을 가지고 있습니다. 우리가 관찰할 수 있는 사실은 모두 동일합니다."

이때 진화론자는 다음과 같이 말합니다. "그래요? 당신은 성경을 믿고 있지 않나요? 그것은 종교입니다. 진화론자로서, 저는 진짜 과학을 하고 있습니다."

저는 이렇게 답변하죠.

"사실, 창조론자로서, 저는 당신의 관측과학(observational science = 실험과학 experimental science)은 아무런 문제가 없다고 생각해요. 관측(실험)과학은 제가 이해하고 신뢰하는 과학과 같은 과학입니다. 이것이 바로 인류의 문명과 기술을 발전시키는 과학입니다. 논쟁거리가 되는 부분은 현상과학이나 "사실"에 관한 것이 아닙니다. 궁극적으로, 이 논쟁은 당신과 우리가 동일하게 보는 "사실"을 어떻게 해석하느냐에 관한 것입니다.

그리고 이것은 역사에 관한 당신의 믿음에 달려 있습니다. 우리는 이것을 역사과학 혹은 기원과학(historical or origins science)이라고 부릅니다. 두 과학의 차이는, 우리가 현재 가지고 있는 '사실'을 해석하는 데 사용하는 '역사' (과거에 어떤 일이 일어났는가에 대한 기록) 가 서로 다르다는데 있어요."

그리고 저는 예를 듭니다. "유전학과 자연선택에 관한 과학을 생각해 봅시다. 진화론자들은 자연 선택을 믿습니다. 그리고 진화론자들은 자연선택을 지금도 관찰 가능한 관측(실험)과학이라고 부릅니다. 창조론자들 역시 자연 선택이 이야기하는 것들을 믿습니다. 진화론자들은 유전학을 받아들이며, 그것은 창조론자들도 마찬가지입니다."

"그러나, 차이점이 있죠: 진화론자들은 수백만 년에 걸쳐서, 한 종류의 동물이 전혀 다른 종류의 동물로 바뀌었다고 믿습니다. 성경에 바탕을 둔 기원을 지지하는 창조론자들은, 하나님께서 각각의 종류를 따라, 각기 다른 종류의 동물과 식물을 창조하셨다고 믿습니다. 따라서 한 종류의 생명체는 전혀 다른 종류의 생명체로 변하지 않는다는 것을 믿습니다."

"이것은 현재에도 검증할 수 있어요. 새로운 정보를 만들어내는 변이가 없다는 측면을 생각해 보면, 과학적 관찰은 창조론적 해석을 지지한다고 할 수 있습니다. 모든 관찰 가능한 변화 또는 변이는 최초에 창조된 종류가 가지고 있던 정보의 범위 안에서만 일어납니다. 정보는 분류되고, 섞이며, 손실되어 갈 뿐입니다. 성경에 근거한 창조론적 해석이 현재 관찰되는 증거를 해석할 수 있는 올바른 기반을 제공한다고 할 수 있어요. 그리고 유전학은 이 해석이 사실임을 보여줍니다."

어떤 증거를 해석하기 위해 어떤 전제가 필요하다는 것을 이해해야 합니다. 그렇다면, 우리 기독교인들은 진화론자들이 주장하는 이른바 '증거'라는 것들 때문에 두려워할 필요가 없어집니다. 여기서 전제는 일종의 안경과 같습니다. 여러분은 이미 여러분이 가지고 있던 생각이나 믿음들을 통해 세상을 바라보게 됩니다.

우리는 진화론자들 (혹은 오랜 연대의 지구를 주장하는 사람들)이 이야기할 때 증거와 증거에 대한 해석을 구분할 수 있어야 합니다. 같은 증거를 가지고 어떻게 성경적 틀 안에서 해석할 수 있으며, 검증 가능하고 재현 가능한 과학에 의해 확증되는지를 볼 수 있어야 합니다.

어디서부터 시작해야 할까요?

요점은, 누가 더 좋은 (혹은 더 많은) '사실'을 가지고 있는가에 대한 것이 아니라는 거예요. '사실'은 동일합니다. 단지 서로 다른 출발점으로 인해 다르게 해석할 뿐입니다. 그래서 앞으로는 진화론자들이 분자로부터 사람까지의 진화를 확신할 만한 사실처럼 이야기할 때, 그런 해석에 따른 전제가 무엇인지 잘 구분해 보시기 바랍니다.

성경에 기록된 역사의 큰 그림으로 시작해서, 성경이라는 안경을 통해 같은 사실을 관찰하고, 관찰된 사실을 다르게 해석해 보세요. 그리고 진화론자들도 사용하는 같은 관측(실험) 과학적 방법을 사용하여, 올바로 이해하게 된 관측(실험) 과학이 성경에 근거한 해석을 확증해주는지 아닌지를 살펴보세요. **여러분은 계속해서 성경이 관측(실험)과학에 의해 확증된다는 것을 발견하게 될 것입니다.**

따라서 '그들이 가진 사실'에 대해 '우리가 가진 사실'로 반박해야 한다거나, 창조를 '증명하는' 데 필요한 깜짝 놀랄 만한 증거가 필요하지 않느냐는 식의 엉터리 논리에 빠지지 마세요.

예수님 자신도 죽음에서 부활하심으로써, 하나님의 말씀의 진실성에 대한 가장 놀랄 만한 증명을 보이셨습니다.

그럼에도 어떤 사람들은 믿지 않았습니다
(누가복음 16:27-31).

진화를 증명하는 명백한 '증거'라고 제시되는 것들을 두려워하지 말고, 증거에 관하여 올바로 생각하는 방식을 이해하기 바랍니다.

그러면 우리는 진화론자들이 사용하는 것과 똑같은 증거를 사용하여, 그들이 잘못된 해석의 틀을 가지고 있다는 것을 보여줄 수 있을 것이며 실제 사실들은 성경과 정확히 들어맞으며 성경을 확증한다는 것을 보여줄 수 있을 것입니다.

알겠죠? 역사를 바라보는 관점, 이것이 유일한 차이점입니다. 이렇게 생각해 보세요. 성경적 세계관을 가진 사람은 여러분을 하나님에 의해 창조된 특별한 사람으로 보게 됩니다. 하지만 진화론자들은 여러분을 셀 수 없을 만큼 많은 세대를 거친 무작위적 사건의 결과물로 바라보게 됩니다. **아무리 진화론자들이 그렇게 주장한다고 해도 사람의 가치는 달라지지 않습니다. 여러분은 여전히 소중한 존재입니다.** 단지 그 사람들이 여러분을 다르게 볼 뿐입니다!

따라서 근본적으로, 같은 자료에 관하여 두 개의 다른 해석이 존재합니다. 그리고 솔직하게 말해 봅시다. 두 가지 모두가 맞을 수는 없습니다. 하나님은 절대 틀리지 않으십니다. 실제로, 모든 증거는 하나님의 것입니다. 따라서 우리는 이렇게 이야기할 수 있습니다.

"땅과 거기에 충만한 것과 세계와 그 가운데에 사는 자들은 다 여호와의 것이로다."(시편 24:1)

Bodie Hodge

05

하나님이 없다고 하는 사람이
정말 많습니다. 그럼에도 불구하고
어떻게 하나님이 정말로 계시다는 것을 알 수 있나요?

무신론자들이 점점 늘어나고 있습니다. 특히 십대들은 더 그렇습니다 십대들은 하나님을 조롱하거나, 하나님이 없다고 이야기하는 친구들과, 교과서, 선생님들(그래도 모든 선생님은 아니니까, 주님께 감사)에 의해 무신론적 철학을 배웁니다. 많은 책의 저자들과 인터넷 사이트, 그리고 영화들도 하나님과 하나님의 성품을 공격하고 있죠. 물론, 무신론자들은 하나님이 존재하지 않는다는 것을 증명할 수 없습니다. 그러나 어떤 이유이건 사람들은 같은 말을 계속해서 듣게 되면, 그것이 마치 사실인 것처럼 속을 수 있습니다.

무신론은 증거가 없습니다.

위의 질문에 대답하기 위하여 먼저 무신론을 반증해 봅시다. 좀 철학적인 이야기가 될 지도 모릅니다. 논리와 이성을 따져가면서 생각해야 하거든요. 하나님의 존재나 무신론을 반증하는 이야기를 할 때는 약간은 철학적이어야 할 필요가 있지요. 그러니 조금만 참아 주세요. 이 이야기가 이 책 전체에서 가장 어렵겠지만, 여러분이 이 이야기를 이해하게 된다면 정말 중요한 것을 깨닫게 될 거예요!

제가 이렇게 이야기하는 데에는 이유가 있어요. 십여 년 전, 교회에서 십대 친구들과 성경공부를 한 적이 있습니다. 그때 가장 먼저 다룬 것은 무신론에 대한 반증이었습니다. 그 십대 친구들은 정말 재미있어 했어요.

왜냐하면, 그 친구들은 무신론에 대한 반증을 필요로 했기 때문이에요. 그 친구들은 소화 잘 되라고 잘게 갈아 만든 고기 같은 배움에는 질려 있었고 진짜 고기를 씹어 먹는 것 같은 배움을 갈망하고 있었습니다.

무신론자들이 주장하는 것을 기억하세요. 바로 하나님이 존재하지 않는다는 것입니다. 무신론자들은 '아마도 하나님이 있을 거야' 혹은 '하나님이 존재하는지 존재하지 않는지 알 수 없어'라고 말하고 있지 않습니다.

그들은 확실하게 하나님이 존재하지 않는다고 주장하고 있습니다!

그렇다면 우리는 무신론자들에게 이렇게 질문해볼 수 있습니다. "혹시 옆방에서 하나님을 찾아본 적이 있나요?" 물론 무신론자들은 찾아보지 않았겠지만, 만약 찾아봤다고 하면, 또 질문할 수 있어요. "그러면 대한민국 서울이나, 다른 도시에서 하나님을 찾아보셨나요?" 그들이 달, 혹은 다른 은하에서 하나님을 찾아본 적이 있을까요? 또한 그들이 어떻게 영적인 영역에 속하는 초월적인 존재가 되어 하나님을 찾아보았는지 물어볼 수 있습니다. 어쨌든 하나님은 영이십니다(요한복음 4:24).

요점은, 하나님이 존재하지 않는다고 선언하려면, 자연적 영역과 초자연적 영역을 동시에 볼 수 있어야 한다는 것입니다. 알아채셨나요? 무신론자들이 그러한 주장을 하려면 '모든 것을 알고(omniscient-전지)', '모든 곳에 존재 (omnipresent-편재)'해야 하는 것입니다. 이것은 하나님의 속성입니다! 따라서, '하나님은 없다'고 이야기하는 무신론자들은 실제로 그들 자신이 하나님이라고 주장하고 있는 것입니다! 어느 쪽이든, 무신론적 입장을 반박하게 됩니다! 이것은 정말로 어리석은 주장입니다(시편 14:1).

그렇다면 하나님이 존재하신다는 것을 어떻게 알까요?

기독교인들은 하나님의 존재에 대하여 몇 가지 '철학적인' 이유를 제시해 왔습니다. 그 중 몇개를 살펴봅시다.

1. 제일 원인 (First Cause)

오늘날 존재하는 모든
것에는 존재의 이유가 되는
원인이 있는 것처럼 보입니다.
만약 먼 과거로 돌아간다면
최초의 원인을 찾을 수 있을 것이고,
그것은 하나님일 것입니다.

2. 디자인 (Design)

우리는 모든 생명체 및 창조물에서 각각
독특하고 조화로운 디자인을 볼 수 있습니다.
따라서 이 모든 디자인을 한 디자이너가
존재해야만 합니다.

3. 존재론적 (Ontological) 논증

하나님의 존재를 논리적인 과정으로만 증명하려는 시도입니다. 즉, 논리가 모든 것보다 우선된다는 관점으로 하나님의 존재에 관한 논쟁에서 논리를 사용하거나, 논리가 존재한다고 말하고 있습니다.

또한 신의 존재에 관한 논쟁에서 논리법칙은 시간에 따라 변하지 않고, 어느 곳에서도 적용된다는 특징이 있다고 이야기합니다. 그렇다면 하나님이 존재하지 않는 우주에서 논리 법칙과 논리 법칙의 특징이 어떻게 이해될 수 있을까요? 즉, 하나님이 존재하신다는 것을 어떻게 아느냐는 질문에 대답하는 열쇠는 바로 논리가 존재한다는 사실입니다.

Answers in Genesis의 제이슨 리슬 박사는 다음과 같이 지적합니다.

어떻게 법칙이 법칙을 만든 사람 없이 존재할 수 있겠습니까? 무신론자들은 다음의 질문들에 대해서 올바로 설명할 수 없습니다. (1) 왜 논리학의 법칙들이 존재하는가? (2) 논리 법칙은 왜 비 물질적인가? (3) 논리 법칙은 왜 어디에서나 적용되는가? (4) 논리 법칙은 왜 시간이 지남에 따라 변하지 않는가? (5) 어떻게 인간들이 논리의 법칙들과 그것들의 성질에 대하여 아는 것이 가능한가? 물론, 이러한 것들은 기독교적 체계에서라면 완벽하게 이해할 수 있습니다.

논리 법칙은 성경적 하나님의 존재로 인하여 존재할 수 있습니다. 논리 법칙은 이성적으로 생각하고 증명하는 데 필요합니다. 따라서 이성적 사고가 가능하기 위해서는 성경적 하나님이 존재해야만 합니다. 하나님의 존재에 대한 가장 좋은 증명은, 하나님 없이는 우리는 그 어떤 것도 증명할 수 없다는 사실입니다! 성경적 하나님의 존재는 지식과 이성에 있어서 필수 조건입니다.

하나님 없이는 아무것도 증명할 수 없다는 사실이 가장 좋은 논증입니다. 그 누구도 아무것도 증명할 수 없습니다. 따라서 무엇이라도 증명하려고 한다면, 하나님이 존재한다고 정해야만 하는 것입니다! 이것을 초월적 논증

(transcendental argument)이라고 부릅니다. 그리고 위에서 언급한 것들 (제일 원인, 디자인, 존재론적 논쟁)은 사실, 그 주장을 시도하려 할 때, 의도치 않게 초월적 논증이 사실이라는 것을 가정하고 있습니다! 이러한 논증은 우리로 하여금 한걸음 물러나 하나님 보다 더 큰 것은 없다는 것을 깨닫게 해 줍니다(히브리서 6:13).

왜냐하면 무엇으로 하나님을 증명하려 하면, 그 무엇이 하나님보다 더 신뢰할 수 있어야 하기 때문입니다. 따라서 성경에서도 하나님의 존재를 증명하려 하지 않습니다. 하나님의 존재야말로 논리의 법칙, 과학의 법칙, 절대적 윤리 등이 존재하는 이유입니다. 성경이 우리의 창조주 하나님 (예수 그리스도)을 우리에게 알려 주신다는 사실이 흥미롭지 않습니까?

"그 안에는 지혜와 지식의 모든 보화가 감추어져 있느니라."(골로새서 2:3)

Bodie Hodge

06

그런데요,
하나님은 왜

한 사람의 실수를 가지고 온 세상을 심판하시는 걸까요?

앞의 이야기에서 하나님께서 지으신 그 모든 것들이 '보시기에 심히 좋았더라'고 말씀하셨다는 것을 살펴봤어요(창세기 1:31). **완전하신 하나님의 입장에서는 더 이상 기대할 만한 것이 없었지요.**

창조 주간의 여섯 번째 날, 하나님은 최초의 두 사람을 만드셨습니다. 기억하시죠? 맞아요. 아담과 하와입니다. 하나님은 아담과 하와에게 몇 가지 책임을 주셨습니다. 예를 들어, 아담은 식물들만 먹어야 했고, 동산을 잘 관리해야 했습니다. 아담은 선악과를 제외한 모든 나무의 열매를 먹을 자유를 가지고 있었죠. 그것은 순종에 대한 시험이었습니다. 하나님은 아담에게 불순종한다면, 반드시 죽게 될 것이라고 경고하셨습니다(창세기 2:16-17). 창조주이시기 때문에 하나님은 법을 정하시는 분입니다. 그리고 불순종에 대해서 어떤 처벌이 합당한 지 결정하시는 분이십니다.

어찌 보면 이 창세기의 이야기는 나무에 관한 것도 아니고 열매에 관한 것도 아니에요. 하나님께서는 아담에게 지켜야 할 규칙을 주셨고, 아담은 불순종했다는 이야기입니다. **아담은 로봇처럼 만들어지지 않았습니다.** 하나님은 아담이 자발적으로 하나님을 사랑하고 순종하길 원하셨습니다. 그래서 아담을 시험 가운데 두셨습니다!

하와는 사탄의 영향을 받은 뱀에게 속았습니다. 왜 하필 뱀이었을까는 이해할 수 있을 거 같아요. 앵무새라면 좀 이상 하겠죠? 어찌되었건 하와는 선악과를 먹었고, 아담 역시 선악과를 받아먹었습니다(창세기 3:1-7). 아담이 실수로 그런 게 아니에요. 자발적으로 창조주에 대항하여 반역하기로 결정한 것입니다. 하나님의 계명에 대한 불순종을 죄라고 부릅니다.

하나님은 거룩하십니다. 이 말은 하나님은 죄가 없는 분이라는 사실을 선언할 뿐만 아니라, 죄라면 그 어떤 죄도, 단 하나의 죄라도 벌하지 않거나 묵인하실 수 없다는 뜻입니다.

하나님은 아담에게 하나님의 피조물을 맡기셨고, 그에게 선악을 알게 하는 나무의 열매를 먹지 말라는 법을 주셨기 때문에, 아담에게 일어난 일에 대하여 책임을 물으셨습니다. 하나님께서는 아담의 범죄로 인하여, 뱀에게(창세기 3:14), 동물들에게(창세기 3:14), 그리고 땅에게 (창세기 3:17) 저주를 내리셨습니다.

로마서 8:22에서 바울 역시 이 저주의 범위가 전 피조 세계에 걸쳐 있다고 선언합니다!

하와 역시 고통과 슬픔 속에서 살게 되었고(창세기 3:16), 아담과 마찬가지로 죽음이라는 형벌을 받게 되었습니다(창세기 3:19-22). 죄가 단지 한 사람에게만 아니라 여러 사람에게 영향력을 행사했다고요? 당연하죠. 어떤 왕이 그 왕국에 대하여 나쁜 결정을 내리면, 온 왕국의 사람들이 결과적으로 고통을 당하게 되는 겁니다. **전 세계가 죄로 인해 고통받게 된 것입니다.** 이것을 생각해 보면 하나님께서 죄를 얼마나 심각하게 여기시는지를 알 수 있습니다.

아담 안에서 우리가 하나님께 대해 죄를 저질렀기 때문에, 우리는 살 권리를 포기한 것입니다. 우리는 모두 죽을 수밖에 없습니다! 이제 우리의 육신은 죽지만, 하나님의 형상으로 지음 받은 영혼은 영원합니다. 죄인으로서, 우리는 하나님과 영원히 분리된 채 살 수밖에 없습니다. 그러나 하나님은 우리를 구원할 계획을 가지고 계셨습니다.

아담과 하와의 후손이기 때문에, **우리 모두는 죄인으로 태어납니다**(로마서 3:23). 자신에 대해 정직하다면, 우리는 모두 아담과 별다를 바 없었을 것이라는 인정해야 합니다. 그렇지 않나요? 사실, 우리 모두는 창조주의 명령을 매일 거역하며 살고 있습니다(로마서 5:12). 우리는 아마도 아담보다 훨씬 더 악한 죄의 본성을 가지고 있을 것입니다! 아담은 930년을 살았고 단 하나의 죄가 기록되어 있을 뿐입니다.

우리는 아마도 매일 아침을 먹기도 전에 죄를 지을 겁니다!

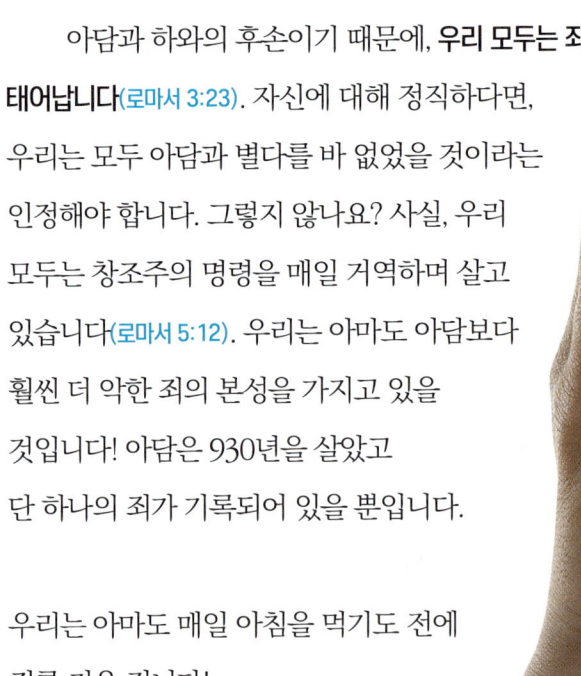

그렇죠. 하나님은 우리가 생각하는 것까지도 다 아십니다!

하나님은 '거짓말하지 말라'고 말씀하셨음에도 불구하고 거짓말을 했을 수도 있고, '네 부모를 공경하라'라고 하셨는데, 부모님께 불순종했을 수도 있고, '서로 친절하라'라고 말씀하셨는데, 친절하지 않은 말을 했을지도 모릅니다. 아담이 범죄했을 때, 우리는 이미 아담 안에 있었습니다!

예를 들어 여러분의 생명은 어디에서 나왔습니까? 부모님으로부터 받았을 겁니다. 부모님들의 생명은 어디에서 나왔습니까? 부모님들의 부모님은요? 결국 아담까지 거슬러 올라가게 됩니다.

아담이 타락했을 때…우리는 그곳에 있었던 거예요. 우리 모두가 범죄했기 때문에, 우리는 죄에 대한 하나님의 형벌인 죽음 아래 놓여 있습니다(로마서 6:23).

어쨌거나 우리는 아담의 후손이고, 아담의 죄인된 본성을 상속받았습니다.

여기까지는 정말 슬픈 소식입니다. **그러나 사랑이 많으신 하나님께서 우리에게 죄로부터 구원받을 수 있는 방법을 주셨다는 좋은 소식이 남아 있습니다.** 사도 바울은 다음과 같이 기록합니다: "사망이 한 사람으로 말미암았으니 죽은 자의 부활도 한 사람으로 말미암는도다. 아담 안에서 모든 사람이 죽은 것 같이 그리스도 안에서 모든 사람이 삶을 얻으리라"(고린도전서 15:21-22).

하나님의 아들은 '완벽한 하나님이면서 완벽한 사람이 되시기 위하여 역사 속으로 들어오셨습니다. 그는 우리와 똑같은 사람이 되셨습니다. 그렇습니다.

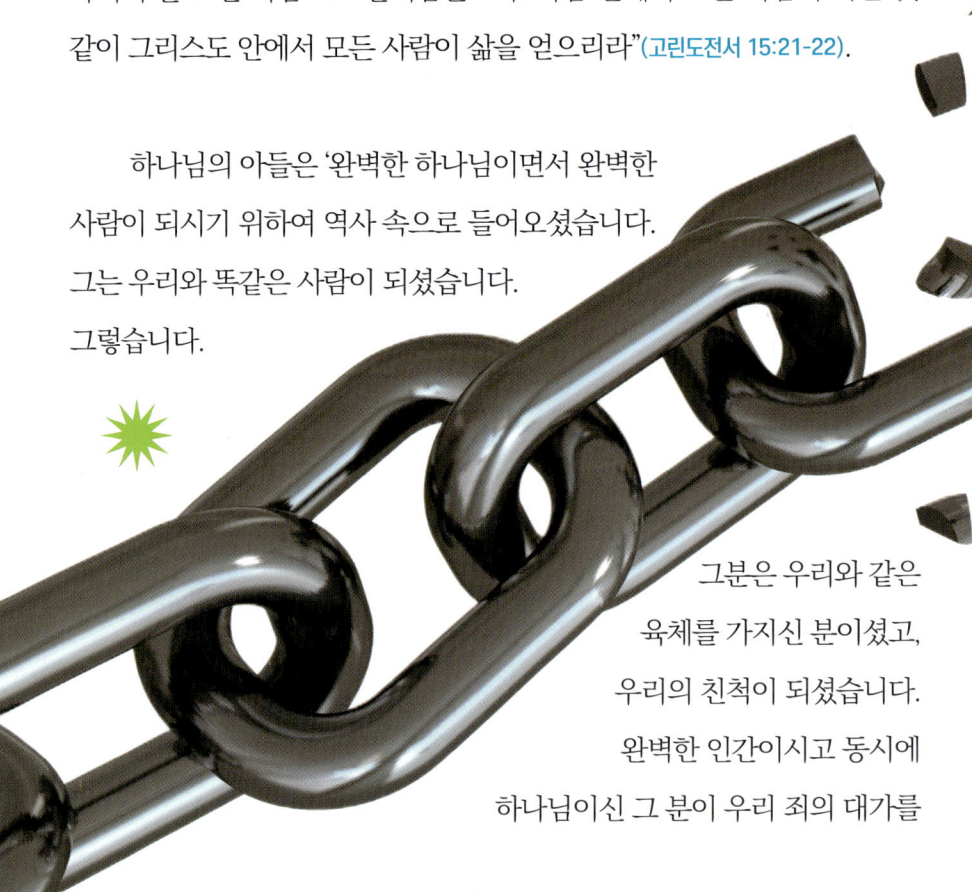

그분은 우리와 같은 육체를 가지신 분이셨고, 우리의 친척이 되셨습니다. 완벽한 인간이시고 동시에 하나님이신 그 분이 우리 죄의 대가를

지불하셨기 때문에, 우리는 성자 예수님과 함께
영원히 천국에서 살 수 있게 되었습니다.

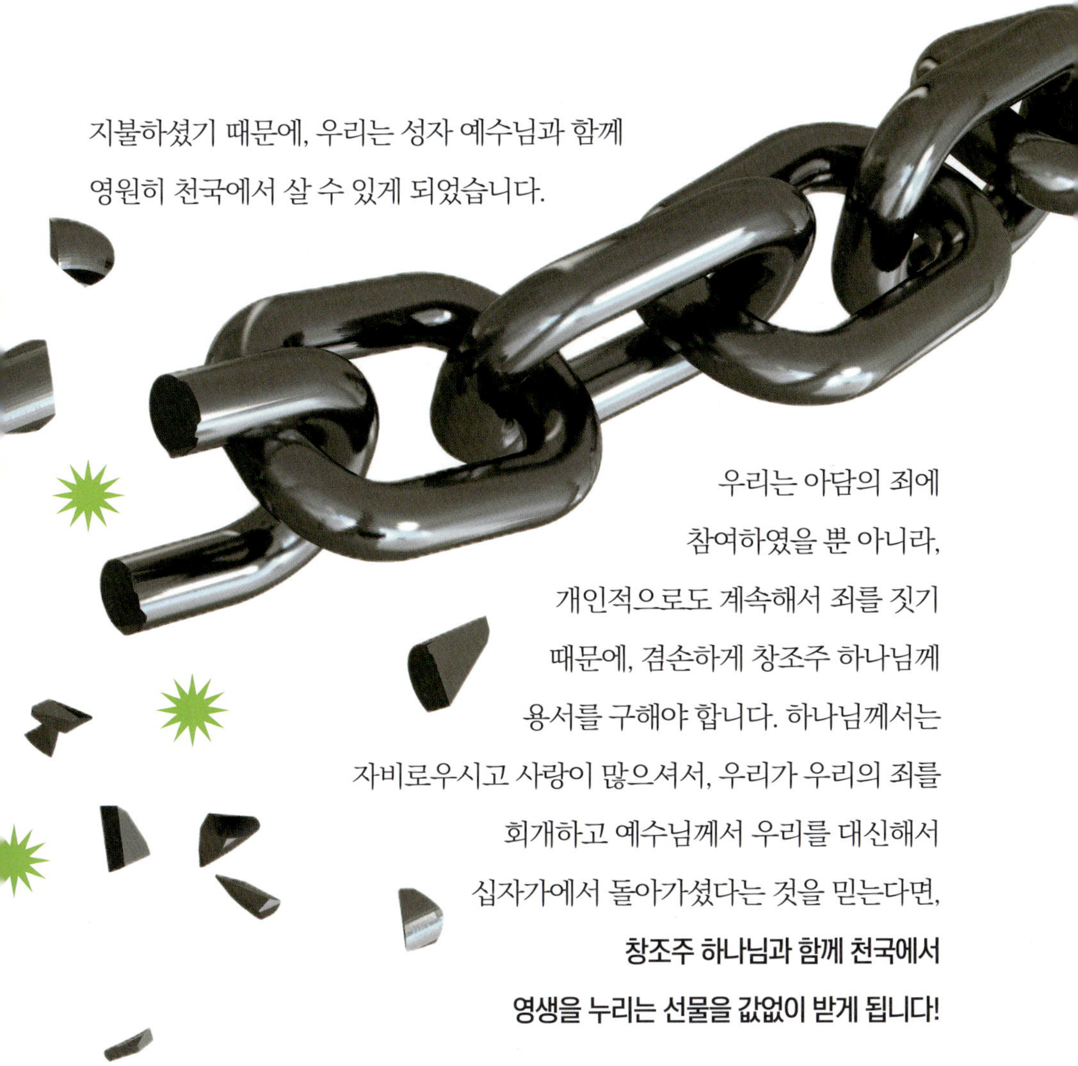

우리는 아담의 죄에
참여하였을 뿐 아니라,
개인적으로도 계속해서 죄를 짓기
때문에, 겸손하게 창조주 하나님께
용서를 구해야 합니다. 하나님께서는
자비로우시고 사랑이 많으셔서, 우리가 우리의 죄를
회개하고 예수님께서 우리를 대신해서
십자가에서 돌아가셨다는 것을 믿는다면,
**창조주 하나님과 함께 천국에서
영생을 누리는 선물을 값없이 받게 됩니다!**

Bodie Hodge

07

하나님이 세상을
그렇게 사랑하셨다면서,

왜 대홍수를 일으켜 모든 사람을 죽게 하셨나요?

하나님께서 창조하신 아름답고 완벽한 세상(창세기 1장)은 그리 오래가지 못했습니다. 얼마 후, 아담은 하나님께 불순종했고(창세기 3:6), 이 죄로 인해 모든 피조 세계는 저주 가운데 놓이게 되었습니다. **하나님께서는 말씀하셨던 대로, 아담의 죄에 대하여 죽음이라는 대가를 치르게 하셨습니다**(창세기 3:19). 그 사건 이후 모든 사람들은 하나님께 불순종했고 아담과 같은 죽음의 형벌 아래 놓여 있습니다(로마서 3:23, 6:23). 그리고 아담처럼 사람들은 계속해서 죄를 짓습니다. 참 슬픈 일입니다만, 노아의 때에, 노아와 그의 가족을 제외한 모든 사람들은 하나님을 거부했고 악하게 행동했습니다.

아담의 자손

처음으로 돌아가볼까요? 창세기 5장을 살펴봅시다. 이 장은 아담으로부터 대홍수까지의 족보입니다.

깜짝 퀴즈: 이 장의 나이들을 더하여, 아담의 때로부터 노아의 대홍수까지 몇 년이 흘렀는지 알아낼 수 있을까요? 예를 들면, 아담은 셋이 태어났을 때 130 살이었고, 셋은 에노스가 태어났을 때 105 살이었습니다. 필요하면 스마트폰 계산기 어플을 써도 좋아요.

답: 약 1656년입니다. 이 기간 동안 사람들은 자손들을 낳았습니다. 각 사람들은 모두 죄인으로 태어났습니다. 사실 사람들의 죄악이 너무나 커져서, 사람들의 죄악이 이 세상에 가득해졌고, 이 땅은 폭력으로 가득 찼습니다(창세기 6:5, 6:13). 생각해 보세요. 거의 모든 사람들이 악하게 생각하고 악한 일을 저질렀습니다! 정말 최악이에요!

하나님은 우리를 사랑하시기 때문에, 우리가 죄를 지을 때 슬퍼하십니다. 그러나 하나님은 거룩하시기 때문에 죄는 하나님과 우리를 갈라 놓습니다. 죄가 있는 사람은 그 누구라도 하나님과 함께할 수 없습니다.

그리고 하나님은 죄를 벌하셔야 합니다.

그 때에 하나님은 온 땅을 덮을 전 지구적인 대홍수를 일으켜 사람들의 악함을 심판하겠다고 말씀하셨습니다(창세기 6). 마치 여러분이 수행 평가용 글짓기를 쓰다가 너무 엉망이어서 쓰던 것을 찢어 버리고 다시 시작하는 것과 비슷합니다.

그러나 하나님은 사람을 사랑하셔서 구원의 길을 열어 주셨습니다. 하나님은 노아가 하나님께 순종했고 하나님의 법대로 공의롭게 살았기 때문에 그와 그의 가족을 구원하시겠다고 말씀하셨습니다. 하나님은 노아에게 그의 가족과 육지 위에 사는 동물들을 구원할 커다란 방주를 지으라고 명령하셨습니다. 노아는 방주를 만들면서 사람들에게 회개하라고 선포했습니다(베드로후서 2:5). 사람들에게는 죄에서 돌이켜 하나님께 순종할 충분한 시간이 있었습니다.

방주는 많은 사람들과 육지 위에서 숨을 쉬며 사는 모든 종류의 동물들을 충분히 태울 수 있는 크기로 만들어졌습니다(창세기 7:21-23). 그러나 사람들은 하나님께 순종하기를 거부했습니다.

결국 하나님은 '큰 깊음의 샘들'이 터지게 하셨고, 땅을 쪼개시고, 땅에 비를 내리셨습니다. 물은 위로부터 쏟아지고 아래로부터 터져 나왔습니다.

하나님의 느낌표! 81

방주는 물 위를 떠다녔습니다. 전 지구는 물에 잠겼고, 대홍수가 계속되는 동안 방주에 타지 않은 모두가 죽었습니다(창세기 7). 노아와 그의 가족, 그리고 방주에 탔던 동물들은 일 년간의 대홍수를 견디고 살아남았습니다. 하나님은 사람들이 하나님의 법을 따를 수 있는 새로운 기회를 주셨습니다.

대홍수가 끝나고, 하나님은 무지개를 통해 그분이 이 세상을 다시는 전 지구적 대홍수로 심판하지 않을 것이라고 알려 주셨습니다. **그 이후 세상에는 많은 지역적 홍수가 있었습니다.** 그러나 노아의 때와 같은 전 지구적 대홍수는 결코 없었고, 앞으로도 일어나지 않을 것입니다.

대홍수를 기억하게 하는 것들

지층과 화석은 대홍수 때의 엄청난 양의 물과 엄청난 양의 모래, 진흙이 섞여 만들어낸 결과물입니다. 그래서 지층과 화석을 통해 대홍수가 있었다는 사실을 알 수 있습니다. 대부분의 화석 기록은 노아의 시대의 대홍수로 인한 생물들의 무덤입니다. 지층과 화석을 볼 때, 하나님은 죄를 기뻐하지 않으시고, 죄에는 심판이 따른다는 사실을 기억해야 합니다.

무지개는 하나님께서 다시는 불순종 때문에 전 지구를 물로 심판하지 않을 것이라는 사랑의 약속을 나타냅니다(창세기 9). 그리고 성경은 또 다른 전 지구적 심판이 있을 것임을 말씀하십니다. 다음 번은 불에 의한 심판입니다(베드로후서 3:7). 하지만 하나님은 우리에게 **'구원의 방주'**를 주셨습니다. 바로 우리의 구주 예수 그리스도이십니다. 그분은 우리의 구원의 방주이십니다. 그래서 예수님은 이렇게 말씀하셨습니다. "내가

문이니 누구든지 나로 말미암아 들어가면 구원을 받으리라"(요한복음 10:9).

노아의 때에 하나님은 인내하셨습니다. 그리고 오늘날에도 오래 참고 계십니다. "사랑하는 자들아, 주께서는 하루가 천 년 같고 천 년이 하루 같다는 이 한 가지를 잊지 말라. 주의 약속은 어떤 이들이 더디다고 생각하는 것 같이 더딘 것이 아니라, 오직 주께서는 너희를 대하여 오래 참으사 아무도 멸망하지 아니하고 다 회개하기에 이르기를 원하시느니라"(베드로후서 3:8-9). 저는 여러분 모두가 구원의 방주를 타게 되었다고 고백할 수 있도록 기도하겠습니다.

"네가 만일 네 입으로 예수를 주로 시인하며 또 하나님께서 그를 죽은 자 가운데서 살리신 것을 네 마음에 믿으면 구원을 받으리라"(로마서 10:9).

Bodie Hodge

하나님은 어떻게
몇천 년 만에

단 두 사람으로부터 시작해서 지금의 인구 숫자가 될 수 있게 하셨나요?

성경에는 태초에 하나님이 단지 두 명을 창조하셨다고 쓰여 있습니다. 아담과 하와입니다. 그리고 성경의 족보를 주의 깊게 살펴볼 보면, 태초가 대략 6,000년 전쯤이라는 사실을 알 수 있어요. 오늘날 세계의 인구는 약 70억 정도입니다. 그러면 **6,000년 정도의 시간은 이렇게 많은 인구가 되는데 충분한 시간일까요?**

이 성경의 기록이 합리적일까요?

물론이죠! 과학자들은 세계의 인구가 40년마다 두 배로 증가한다고 추정해 왔습니다. 질병과 기근, 자연재해로 인한 죽음까지 고려해도 그런 추정이 가능해요. 적어도 최근에는 이러한 비율로 증가했습니다. 그런데 과거의 인구증가 비율에 대해서는 확실히 알 수 없기 때문에, 좀 더 느리게 증가했다고 가정해 봅시다. 인구가 150년마다 두 배로 증가한다고 가정해 보는 거죠. 150년을 32번 거치면 4,800년인데, 이 기간 동안 세계의 인구는 2명에서 86억 명으로 늘어날 수 있어요. 이 가정에 따르면, 아담과 하와로부터 예수님의 탄생 조금 후가 되면, 세계 인구는 80억 이상이 될 수 있다는 설명이 가능합니다. 따라서 60억 혹은 70억은 분명히 가능합니다.

이게 다가 아닙니다. 약 4,500년 전 (기원전 약 2500년경), 전 지구적 대홍수가 전 세계의 모든 사람들을 휩쓸어 갔고, 단지 8명만 살아남은 거 알고 있죠?(창세기 6-9장, 베드로전서 3:20). 우리가 위에서 사용한 넉넉한 가정을 가지고 계산해보아도 4,500년이라는 시간은 현재 인구 숫자에 도달하기에 충분한 시간이라는 것을 알 수 있어요! 성경을 확인하는데 간단한 수학도 사용되네요. 완전 멋지죠?

그 많은 사람들은 다 어디에 있습니까?

자 이제부터 같은 질문을 다른 관점에서 살펴보려고 합니다. 진화론의 관점에서는 지구가 수십억 년 되었고 인간이 적어도 수십만 년 동안 살아왔다고 합니다. 이 주장이 사실이라면, 세계의 인구는 어느 정도나 되어야 할까요?

일단 인간이 5만 년 동안만 존재해 왔다고 가정해 볼게요. 우리가 위에서 사용한 넉넉한 가정 즉, 150년마다 2배로 증가했다는 가정을 적용해 봅시다. 그러면 5만년은 인구의 2배 증가가 332번 반복되는 시간입니다! 이렇게 될 때, 현재의 세계 인구는 상상할 수 없이 많아야 합니다.

'1' 다음에 '0'이 100개가 붙어요. 10개가 아니라 100개요.

10,000,000,000,000,000,000,000,000,000,000,000,000,000,000,000,000,000,000,000,000,000,000,000,000,000,000,000,000,000,000,000,000,000,000 (헐! '0'이 정말 많군요!)

지금의 인구숫자와는 분명히 다르니 사실이 아니겠죠. 그러니 오래된 연대는 잘못되었습니다. 누군가는 죽음과 전쟁과 질병이 인구수를 감소시켰다고 반박할 수도 있지만, 오히려 이런 질문을 할 수 있어요. "그 많은 사람들이 어디에 있나요? 그리고 그 돌아가신 분들의 유골들은 다 어디에 있습니까?"

대답은...

성경적 관점에서 본다면, 지구 (그리고 우주)가 약 6,000년 정도 되었다는 것을 알 수 있습니다. 물론 대홍수로 인해 인구 숫자가 처음부터 다시 시작하게 된 시점도 있습니다.

간단한 계산으로 확인해 봐도, 대홍수 직후 8명의 인구로부터 증가하여 오늘날의 세계 인구수가 되는 계산은 거의 들어맞습니다. 간단한 계산이죠! 그러나 오래된 연대를 가정하게 되면, 그 숫자는 너무나도 터무니없습니다. 맞추기가 어려워요! 대홍수와 같이 전체 인구의 급격한 감소를 가져온, 전 지구적 대격변을 생각하지 않는다면 말이죠. 아 잠깐만요. 결국 성경을 봐야 알 수 있겠군요.

하나님의 느낌표!

Dr. Tommy Mitchell

09

다른 인종의 사람들간에 결혼해도 되나요?

혹시 잘못된 것일까요?

성경은 하나님이 어떻게 아담을 창조하셨고(고린도전서 15:45) 첫 번째 여자인 하와가 어떻게 아담의 갈비뼈로부터 만들어졌는지(창세기 3:20)를 말씀하고 있습니다. 이를 통해 모든 사람들이 이 두 사람으로부터 나왔다는 것을 알 수 있습니다. **이 말은 세상에는 생물학적으로 단 하나의 인종만이 존재한다는 것을 의미합니다. 바로 인류입니다!** 그러나 영적으로는 두 가지의 인종이 있습니다. 하나님의 구원을 믿는 사람들과 그렇지 않은 사람들입니다.

그렇다면 왜 사람들의 피부색이 다르고 서로 다른 언어를 사용하고 있을까요? 노아와 그의 가족들이 방주에서 나온 후, 하나님은 그들에게 널리 흩어져서 온 땅을 채우라고 말씀하셨습니다. 그러나 노아의 후손들은 그 명령에 불순종했습니다. 그래요, 다시 불순종했고, 죄는 다시 시작되었습니다! 노아의 후손들은 자신들이 흩어지지 않고 하나로 뭉쳐 살 수 있게 하려고 높은 탑을 쌓았습니다.

그리고 하나님은 사람들의 언어를 혼잡하게 하심으로써 강제로 사람들을 온 땅에 흩어지게 하셨습니다(창세기 11). 모두가 동시에 말을 하는데 자기 가족들의 언어만 알아들을 수 있게 된 것입니다.

와글와글

시간이 흐르며 사람들은 서로 떨어져 살게 되었습니다. 같은 언어를 사용하지 않는 사람들끼리는 더 이상 대화가 되지 않아 함께 지낼 수 없게 되었습니다. **결국 모든 사람들은 뿔뿔이 흩어져서 자기들만의 고유의 문화와 관습을 발전시키게 되었습니다.** 일반적으로 자신들의 언어가 통하는 집단 안에서만 결혼했기 때문에, 흔히 '인종적' 차이라고 말하는 신체적 특징들은 점점 더 뚜렷해졌습니다. 실제 이 특징들은 하나님이 우리의 유전자에 넣으신 많은 다양성을 드러내는 표면적 차이에 불과합니다. 결국 지구상의 많은 인구 집단들 간에 머리카락 색깔, 눈꺼풀의 형태, 그리고 피부색 같은 것들이 매우 달라져버렸습니다.

하지만 모든 사람들은 생물학적으로 한 인종입니다.

우리 모두는 '한 혈통' 입니다 (사도행전 17:26).

지난 150년간 많은 사람들은 현대인이 원숭이 같은 동물의 후손, 혹은 원숭이와의 공통 조상으로부터 진화했다고 주장해 왔습니다. 이러한 잘못된 생각에 근거하여, 각기 다른 '인종'이 생겨났고 '인종'마다 진화의 정도가 다르다고 믿었습니다.

이게 맞다면 모든 '인종'들이 동시에 같은 수준으로 진화할 수는 없지 않을까요? 인종차별주의와 인종에 의한 편견에 기름 부었던 이러한 생각은 매우 잘못되었다는 사실은 결국 밝혀졌습니다. 최근 인간 게놈 프로젝트를 진행하고 있는 과학자들은 각 인구 집단 간의 차이는 매우 적다는 것을 알아냈습니다. 그들의 결과는 우리 모두가 생물학적으로 하나의 인종이라는 사실을 확증합니다!

따라서 사람들에 대하여 이야기할 때 '인종(race)'이라는 단어 자체를 사용하지 말았으면 좋겠습니다.

서로 다른 '문화(culture)'를 가진 사람들, 혹은 서로 다른 '민족(ethnic)'으로 구분되는 사람들이라고 말하는 것이 훨씬 나을 것입니다. 저는 그저 '사람들의 그룹 (people groups)'이 다양하다고 말하는 것이 좋겠다고 생각합니다. 우리는 쉽게 사람들이 다르게 보인다고 이야기할 수 있지만 그 중에서 가장 큰 차이점은 인종적인 것이 아니라 문화적인 것입니다. 가장 중요한 것은 모든 사람들이 완전한 인간이라는 것을 잊지 말아야 합니다.

우리 모두는 같은 인류에 속해 있고, 한 인종이기 때문에, 다른 부족이나 국가에서 온 사람들 간에 자유롭게 결혼할 수 있습니다. '인종 간 결혼(interracial marriage)'이라는 개념은 생물학적으로 존재하지 않아요.

실제 성경은 '인종 간의 결혼'에 대해 반대합니다. 서로 다른 '영적인 인종'이 결혼하는 것 말입니다. 다른 말로 하면, 성경에서 반대하고 있는 '인종 간의 결혼'은 기독교인이 비기독교인과 결혼할 때를 말하는 것입니다. 이에 대해 성경이 부정적으로 이야기하는 것은 분명한 사실입니다. 성경은 결혼에 관해 명확한 규칙을 제시합니다.

사랑과 결혼

하나님께서는 태초에 결혼이라는 것을 한 남자와 한 여자가 평생 동안 이루어지는 관계로 정하셨습니다.

> "아담이 이르되 이는 내 뼈 중의 뼈요 살 중의 살이라 이것을 남자에게서 취하였은즉 여자라 부르리라 하니라. 이러므로 남자가 부모를 떠나 그의 아내와 합하여 둘이 한 몸을 이룰지로다"(창세기 2:23-24).

예수님은 마태복음 19장에서 결혼에 대한 질문에 답변하실 때 이 구절을 인용하셨습니다.

그리고 하나님께서는 하나님의 자녀(기독교인)들이 반드시 기독교인들과 결혼해야 함을 매우 명백하게 말씀하십니다. 사도 바울은 다음과 같이 말했습니다.

"너희는 믿지 않는 자와 멍에를 함께 메지 말라. 의와 불법이 어찌 함께 하며 빛과 어둠이 어찌 사귀며"(고린도후서 6:14).

여기에서 바울은 서로 다른 2개의 '영적인 인종'을 말하고 있습니다.

아마도 '멍에'라는 말을 듣고 이상하게 생각할 수도 있겠네요. 진지하게 말하자면, 그것은 사는 동안 누군가와 짝지어지고 합해진 것을 의미합니다. 가까운 친구라고 하는 사람들에게도 적용된다고 할 수 있어요. 기독교인들은 이 세상에 살고 있고 모든 사람들에게 복음의 메시지를 전해야 하는 사명을 받은 사람들이기 때문에 비기독교인들에게도 증인이 되어야 합니다. 그렇지만 우리는 누구와 친하게 지낼 것인지에 대해 주의할 필요가 있습니다. "속지 말라. 악한 동무들은 선한 행실을 더럽히나니"(고린도전서 15:33).

하나님은 우리가 육체적으로나 겉모습이 어떻게 보이는지 보다, 영적으로나 내면적으로 어떻게 생겼는지에 더 관심을 가지십니다. 선지자 사무엘이 이스라엘의 새로운 왕에게 기름 부으러 갔을 때 하나님은 사무엘에게 말씀하셨습니다.

> "여호와께서 사무엘에게 이르시되 그의 용모와 키를 보지 말라. 내가 이미 그를 버렸노라. 내가 보는 것은 사람과 같지 아니하니 사람은 외모를 보거니와 나 여호와는 중심을 보느니라 하시더라"(사무엘상 16:7).

우리가 누구와 결혼해야 할지 고민할 때, 우리는 결혼 상대에 대한 하나님의 말씀을 들어야 합니다. **외모 때문에 누군가에게 끌리기는 쉽습니다. 하지만 그 사람의 영적 상태가 정말로 중요합니다.** 이제 우리는 생물학적으로 단지 한 인종이 있다는 것을 알게 되었습니다. 하지만, 영적으로는 두 인종이 있습니다! 저는 여러분이 값을 매길 수 없는 '구원'이라는 선물을 받은 '영적인 인종'에 속하셨으면 좋겠습니다.

Bodie Hodge

10

성(sex)에 대한 성경의 말씀에 꼭 순종해야 하나요?

십 대로 사는 거 참 힘들죠? 그렇죠? 저도 참 많이 힘들었어요. 제가 만나온 십 대들도 힘들어하는 친구들이 많았어요. 추측하건대, 여러분들도 비슷한 아픔을 겪고 있을 겁니다. 많은 이유들이 있겠죠. 오늘날 많은 십 대들에게 영향을 끼치는 중요한 주제 중 하나는 '성(sex)'입니다. 성경은 성에 대해서도 말씀하고 있습니다.

성(sex)과 기준

참 어려운 주제입니다. 그래서 많은 교회 지도자들, 특별히 청소년 사역자들은 이 주제를 마치 전염병인 것처럼 피하려고만 합니다! 그러나 현실은 그렇지 않죠? 성은 피할 수 없는, 반드시 다루어야 하는 주제입니다. 하나님의 말씀이 '성'이라는 주제도 다루신다는 것을 알고 있나요? 그렇다면 우리는 성경이 뭐라고 말씀하고 있는지 살펴봐야 합니다.

오늘날의 세속주의자들은 성에 관하여 '어떤 것이든 괜찮다'라는 주장을 펼치고 있습니다. 이를테면 공개된 장소에서의 성행위, 십 대들의 성관계, 동성애적 행위, 성적인 부도덕함을 비롯해서 TV, 영화, 책에서 이야기하는 자유분방한 성행위 같은 것들입니다. 세속주의자들의 관점에 따르면,

사람은 보편적인 도덕적 기준이 없는 동물에 불과하기 때문에 모든 것이 다 괜찮습니다. 따라서 옳고 그름의 개념은 중요하지 않고, 원하는 것은 뭐든지 해도 된다고 이야기합니다.

그러나 우리는 기독교인입니다. 다른 사람들보다 더 높은 기준을 가지고 있습니다.

우리는 우리가 하나님의 형상을 따라 창조되었고 단지 동물에 불과한 존재가 아니라는 것을 잘 알고 있습니다. 하나님께서 우리를 만드셨기 때문에, 하나님께서 도덕에 관한 기준도 정하셨습니다. 너무나도 당연하죠.

하나님은 선하시기 때문에(시편 118:1), 우리에게 무엇이 좋고, 무엇이 나쁜지, 우리가 어떻게 행동해야 하는 지 말씀해 주십니다. 우리가 잘 살기 위하여 어떻게 행동해야 하는 지에 대한 원칙인 도덕에 관하여 절대적인 기준을 우리에게 주셨습니다. 우리에게 주신 말씀인 성경에서, **하나님은 무엇이 옳고 무엇이 틀렸는지 말씀하셨습니다.**

하나님과 하나님의 말씀을 떠나서는 좋은 것과 나쁜 것, 그리고 옳은 것과 그른 것을 구분할 수 있는 논리적인 근거가 존재하지 않습니다. 무신론적 세계관이나 진화론적 세계관에서는 인간을 단지 상호작용하는 화학물질에 불과한 존재로 봅니다. 예를 들어 티타늄이 탄소와 반응한다고 해서 화를 낼 필요는 없는 겁니다.

만약 살인을 어떤 화학물질들의 집합이 다른 화학물질들의 집합을 사라지게 하는 것이라고 말한다면, 살인을 '잘못이다' 라고 말할 수 있는 논리적인 근거가 없습니다. 만약 어떤 화학물질 집합이 다른 화학물질 집합에 속해 있는 물건을 가지고 오기로 결정했다면, 이런 도둑질을 '잘못된 행동' 이라고 규정할 수 없습니다. 이러한 행동들은 단지 화학 작용의 결과물에 불과합니다. 그런 삶은 굉장히 끔찍하게 될 것입니다! 무신론적, 진화론적 관점에서는 여러분은 단지 특수용기 속에 들어 있는 화학물질들과 다를 바 없습니다!

하나님께서는 우리의 창조주이시고, 우리를 단지 화학 물질의 집합으로 만들지 않으셨습니다.

우리는 하나님의 형상대로 만들어졌습니다.

여러분 모두는 특별합니다.

하나님은 우리 각자를 너무나도 특별하고 소중한 존재로 여기십니다. 그래서 우리가 아담 안에서 하나님께 대해 불순종했음에도 불구하고, 하나님은 우리 죄에 대한 대가를 예수 그리스도를 통하여 대신 치러 주셨습니다.

이것이 바로 하나님께서 보여주신 사랑입니다! 하나님은 우리를 그만큼 가치 있게 여기십니다. 하나님은 창조주이시기 때문에, 규칙을 정하는 분이십니다. 살인하지 말라, 간음하지 말라, 도둑질하지 말라, 거짓말하지 말라, 등등. 그분은 우리를 사랑하시며, 우리가 그분과 같아지기를 원하십니다. 하나님은 우리에게 가장 좋은 것이 무엇인지를 아십니다. 하나님은 불변하시며, 그분의 말씀도 변하지 않을 것입니다(말라기 3:6; 시편 119:89; 히브리서 13:8).

성(sex), 하나님의 선물

성경은 방탕함(로마서 13:13), 동성애(디모데전서 1:10), 그리고 전에 언급한 다른 성적으로 부도덕한 것들(고린도전서 6:9; 레위기 18:23)이 옳지 않다고 말씀합니다. 그렇다면 모든 성에 관한 것들이 다 나쁜 것일까요? 그렇지 않아요! 하나님은 성(sex)도 보시기에 좋은 것으로 창조하셨습니다. 그분의 목적에 맞게 행해질 때 말입니다.

아담과 하와를 창조하셨을 때, 하나님은 그들을 축복하셨습니다. 그들과 함께, 하나님은 첫 결혼을 만드셨고, 결혼이란 한 남자와 한 여자가 함께 하는 것으로 정하셨습니다(창세기 2:20-25). 예수님도 마태복음 19장과 마가복음 10장에서 그렇게 단언하셨습니다. 하나님은 아담과 하와에게 자녀를 낳아 번성하라고 말씀하셨습니다(창세기 1:28). 그리고 하나님은 이 모든 것을 보시기에 '심히 좋았다'라고 선언하셨습니다(창세기 1:31). 이것이 첫 번째 가족이에요.

그래서 가족은 하나님이 직접 명하신 최초의 공동체이자, 가장 기본적인 공동체입니다.

하나님의 최초의 디자인에서, 성행위는 남편과 아내 사이에 있어서 좋은 것으로 계획되었습니다. 하나님은 결혼을 생명을 낳기 위한 한 남자와 한 여자 사이의 것으로 창조하셨습니다. 그 사실은 아직도 변하지 않았습니다.(히브리서 13:4).

사실 성경의 책 중 아가서 한 권 전체가 남편과 아내가 나눌 수 있는 아름답고 친밀한 관계를 보여주고 있습니다. 정말로 성경에 있어요!

그러나 아담이 범죄한 이후, 사람들은 성(sex)을 하나님의 규칙과 계획에 반하는 방식으로 사용하기 시작했습니다. 구약과 신약을 통하여 하나님은 그의 백성들에게 하나님같이 거룩해지려면 말씀을 따라야 한다고 일깨워 주셨습니다. 그리고 하나님께서 계속해서 올바른 성관계에 대해서 말씀하셨습니다. 하나님은 배우자 외에 다른 사람과 성관계를 하는 것(출애굽기 20:14; 고린도전서 7)과, 결혼 전 혹은 결혼 관계 밖에서 성관계를 하는 것(에베소서 5:3; 골로새서 3:5)을 엄격하게 금하십니다.

우리가 성에 관하여 하나님께서 정하신 대로 순종한다면, 성병에 걸리거나 혼외 임신에 대한 걱정을 할 필요가 없습니다. **하나님의 사랑의 계명을 따를 때 건강한 삶이 있습니다.**

죄로 인해 저주받은 세상에서 가정을 파괴하는 많은 이슈들이 있습니다. 그러나 우리는 우리의 능력이 다할 때까지 우리가 처한 상황에서 하나님께서 우리에게 명령하신 것을 순종하도록 최선을 다해야 합니다. 그리고 우리가 잘못했더라도 진심으로 회개할 때, 하나님은 우리를 용서하시는 분이십니다. 물론 하나님이 우리를 용서하심에도 불구하고, 우리는 우리의 죄로 인한 결과를 안고 살아가야 합니다. 하지만 우리는 은혜로우신 하나님이 우리가 처한 상황 가운데에서 우리를 도와주실 것을 신뢰할 수 있습니다.

이미 망친 것 같다고 생각하는 십대들을 위하여...

포기하지 마세요. 여러분이 하나님을 떠나 수백만 발자국을 갔더라도, 한 발자국만 돌아서면 됩니다. 하나님은 은혜가 가득한 분이시고, 여러분이 죄로부터 돌이키기를 원하십니다. 우리는 겸손하게 성에 관한 하나님의 계명을 어긴 것을 회개해야 합니다. 단 하나의 죄에도 형벌이 있다는 것을 기억하세요. 그리고 우리가 회개할 때, 하나님은 우리를 용서하십니다. '나중에 회개하면 되겠지요'라고 하는 것보다 지금 회개하는 것이 좋습니다. 그리고 죄를 더 많이 지을수록, 우리가 감당해야 할 부정적인 결과들은 많아집니다. 그러면 죄로부터 돌아서기가 점점 더 힘들어집니다.

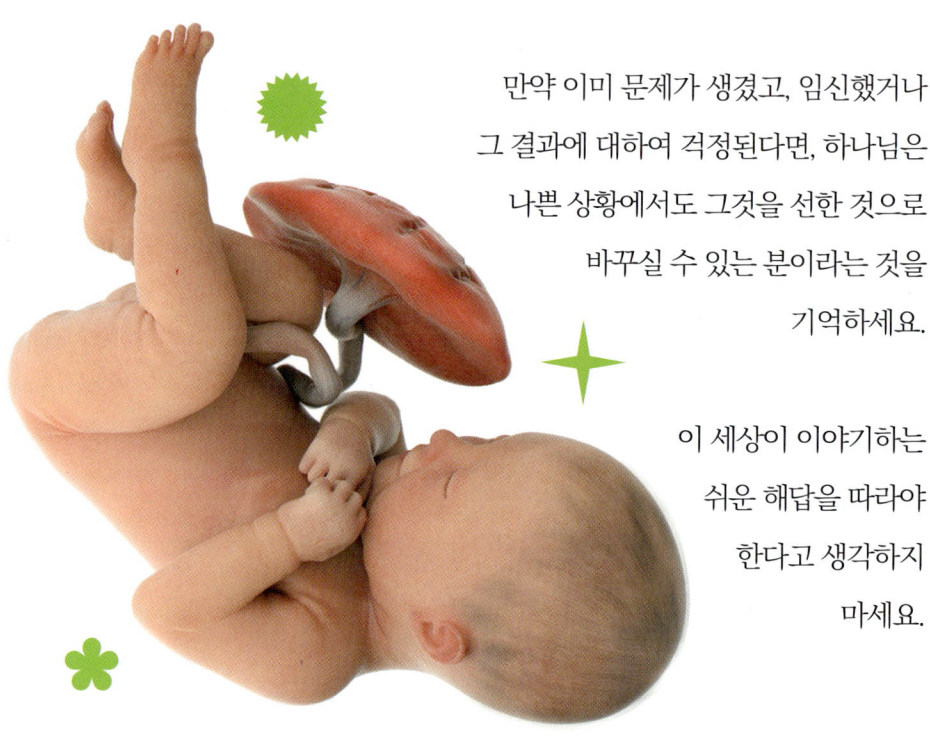

만약 이미 문제가 생겼고, 임신했거나 그 결과에 대하여 걱정된다면, 하나님은 나쁜 상황에서도 그것을 선한 것으로 바꾸실 수 있는 분이라는 것을 기억하세요.

이 세상이 이야기하는 쉬운 해답을 따라야 한다고 생각하지 마세요.

태어났건 태어나지 않았건, 모든 생명은 귀중합니다. 낙태는 여러분이 상상할 수 없을 정도로 여러분의 인생에 깊은 영향을 끼칠 것입니다.

여러분이 이 문제에 관해 올바른 관점을 가지면 좋겠어요. "남자친구나 여자친구와 어느 정도까지 성적으로 가까워지는 것이 죄일까요?"라고 물어보는 대신, **"결혼하기 전까지 어떻게 순결해야 하나요?"**라고 물어보시기 바랍니다. 많은 연인들이 위험한 줄타기를 시도하지만, 이는 올바른 방법이 아닙니다. 우리는 예수 그리스도를 구주로 고백하는 사람들입니다. 모든 관계에서 그분에게만 초점을 맞춰야 합니다.

시대는 바뀔 수 있지만, 성경에 있는 도덕에 관한 하나님의 기준은 절대적이며 영원합니다. 하나님은 말씀을 따르는 사람들을 사랑하십니다. 우리가 하나님의 말씀을 따라 살고자 할 때 기뻐하십니다.

> 우리가 하나님의 말씀을
> 기쁘게 따르는 것이야 말로
> 창조주께 대한 우리의 사랑을
> 표현하는 것입니다.

Dr. Tommy Mitchell

11

기독교인들은 모든 사람을
사랑해야 한다면서,

왜 동성애자들을 싫어하는 것처럼 보일까요?

동성애라는 이슈는 우리 사회에서 점점 더 중요한 문제가 되어 가고 있습니다. 가끔 뉴스나 토론 프로그램의 주제가 되곤 합니다. 또TV 드라마나 영화에서 공개적으로 다루기도 하고, 대중음악, 미술이나 여러 책에서는 오히려 동성애를 부추기기도 합니다. 오늘날의 사회에서 동성애가 큰 이슈인 것은 틀림없습니다. 그래서 오히려 **'동성애가 뭐가 문제지?'** 라고 쉽게 생각할 수 있습니다.

두 사람이 사랑한다는데, 왜 그들이 결혼할 수 있게 하면 안 되는 것일까요? 그 두 사람이 만일 모두 남자라면, 혹은 모두 여자라면 문제가 되는 걸까요?

그 문제를 매우 중요하게 생각하는 사람들이 있습니다. 큰 소리로 동성애와 관련한 행동을 반대하는 사람들도 있습니다. 동성애자들에게 욕을 하기도 하고, 반대하는 푯말을 만들기도 합니다. 신문사에 편지를 쓰기도 하고, 방송사에 전화를 걸기도 합니다. 동성애자들이 얼마나 나쁜지 큰소리로 외치는 사람들이 있습니다.

기독교인들은 모든 사람을 사랑해야 합니다. 그렇죠? 그렇다면 기독교인들이 동성애자들을 그냥 받아들이면 안 되나요?

기독교인들은 동성애자들을 받아들입니다. 그러나 동성애는 아닙니다. 기억하십시오. 죄를 미워하되, 죄인을 미워해서는 안됩니다(시편 97:10). 스스로 기독교인이라고 부르는 사람들 중에 동성애자들에게 매우 나쁜 말을 하는 사람들이 있습니다. 이렇게 비난하게 되면 양쪽 모두에게 문제가 있습니다.

그런데 성경이 동성애를 죄로 규정한다는 사실까지도 인정하려 하지 않는 사람들이 있습니다. **이 논의에서 중요한 부분은 죄(sin)입니다.**

왜 이것이 중요할까요?

하나님은 결혼을 창조하셨습니다. 창세기 2:18-25는 결혼이 한 남자와 한 여자의 연합임을 설명합니다. 예수님은 마태복음 19:4-6에서 이 정의를 확인하십니다. 따라서 성경은 하나님께서 결혼을 만드셨을 때 한 남자와 한 여자로 계획하셨음을 명확하게 가르쳐줍니다.

게다가 성경은 성관계가 한 남자와 한 여자의 결합인 결혼의 관계 내에서만 옳다고 인정합니다. 이런 결혼 바깥에서의 어떠한 성적인 행위도 죄입니다. 결혼하지 않은 남자와 여자 사이의 성관계도 또한 죄입니다(고린도전서 6:9-10).

하나님의 느낌표!

하나님은 우리의 창조주이십니다. 그분을 우리를 사랑하시고 걱정하십니다. 그분은 하나님이시기 때문에, 우리에게 무엇이 가장 좋은 것인지 아십니다. 그분의 말씀에서 우리는 우리의 삶을 어떻게 살아야 할지 배웁니다. 그분의 계명을 따를 때 우리는 삶을 최대한 누릴 수 있습니다. 따라서 우리는 결혼과 성관계에 관하여 하나님의 명령에 따라야 합니다.

동성애는 잘못인가요? 누가 그래요?

하나님의 말씀이 결혼하지 않은 남자와 여자 사이의 성관계를 죄로 나타내는 것처럼, 성경은 동성애가 잘못되었다고 말씀합니다. 로마서 1:26-27은, "이 때문에 하나님께서 그들을 부끄러운 욕심에 내버려 두셨으니 곧 그들의 여자들도 순리대로 쓸 것을 바꾸어 역리로 쓰며, 그와 같이 남자들도 순리대로 여자 쓰기를 버리고 서로 향하여 음욕이 불 일듯 하매 남자가 남자와 더불어 부끄러운 일을 행하여 그들의 그릇됨에 상당한 보응을 그들 자신이 받았느니라"라고 말씀합니다. 또 다른 성경을 찾아본다면 레위기 18:22와 디모데전서 1:9-10이 있습니다.

하나님의 말씀에 따르면 동성애적 행위는 가증한(vile) 것입니다.

하나님의 결혼에 관한 계획에 반대되는 것이며, 성적인 죄악의 한 형태입니다. 그것은 하나님이 첫 번째 남자와 여자를 만드시고, '생육하고 번성하라'고 명령하실 때 세우신 가족이라는 공동체를 파괴하는 죄입니다. 그리고 가족은 그분의 지혜를 한 세대에서 다음 세대로, 그리고 열방으로 전파하게 하려고 하나님께서 세우신 기본 구성입니다.

왜 어떤 사람들(일부 기독교인 포함)은 게이들을 싫어하는 것처럼 보일까요?

슬프게도, 스스로를 기독교인이라고 말하는 사람들 중에도 동성애와 관련된 주제를 대할 때 옳지 않게 대답하는 사람들이 있습니다. 그들의 행동은 하나님의 자녀인 기독교인이라고 하기에는 적절하지 않습니다. 비기독교인들과 다를 바 없는 행동입니다. 미움이 가득 차 있고 공격적입니다. 그런 행동은 우리 주님의 마음을 슬프게 할 것임에 틀림없습니다.

사람은 모두 죄 가운데에서 태어납니다. 그리고 특별하게 다른 것들보다 더 쉽게 넘어지는 죄가 있습니다. 어떤 사람들은 거짓말하는 문제가 있고, 어떤 사람들은 도둑질하는 문제를 가지고 있으며, 어떤 사람들은 결혼 밖의 성생활과 관련된 문제를 가지고 있습니다. 어떤 사람들은 동성애와 관련된 약점을 가지고 있습니다. 이 땅의 모든 사람들은 타락했고, 죄를 짓는 피조물들입니다. "무릇 우리는 다 부정한 자 같아서 우리의 의는 다 더러운 옷 같으며, 우리는 다 잎사귀 같이 시들므로 우리의 죄악이 바람 같이 우리를 몰아가나이다"(이사야 64:6). 그러나 하나님은 우리가 그 분 안에서 극복하지 못할 유혹은 없다고 말씀하십니다. "사람이 감당할 시험 밖에는 너희가 당한 것이 없나니 오직 하나님은 미쁘사 너희가 감당하지 못할 시험 당함을 허락하지 아니하시고 시험 당할 즈음에 또한 피할 길을 내사 너희로 능히 감당하게 하시느니라"(고린도전서 10:13).

하나님의 말씀은 죄악된 행동을 단순하게 삶의 방식이 다른 것이라고 받아들여서는 안된다고 이야기하십니다. **기독교인으로서, 우리는 말씀 위에 서야 하며, 죄를 죄라고 불러야 합니다.** 여기에는 동성애나, 혼전 성관계나, 신성 모독, 도둑질, 거짓말, 우상숭배, 심지어 다른 사람에게 대한 미움을 갖는 것까지 포함됩니다. 하나님은 우리의 행동에 대하여 책임을 물으십니다.

세상에는 정말 미움이 가득 차 있거나 적대적인 사람들이 있습니다.

하나님은 기독교인이라 하더라도 다른 사람들을 정죄하는 것을 용납하지 않으십니다. 그러나 오늘날 세상에서 사람들은 일반적으로 누군가의 생활 방식에 대하여 동의하지 않다거나, 어떤 것이 잘못되었음을 지적할 때, '혐오자(Hater)'라는 딱지를 받게 됩니다. 단지 죄악된 행동만을 지적하기만 했는데도 그러한 딱지를 받게 될 수 있습니다.

이와 같은 방식으로 판단한다면, 기독교인의 생활 방식에 동의하지 않는 사람들 역시 '혐오자(Hater)'가 됩니다. 이것은 올바른 사고방식이 아닙니다. 우리는 언제나 우리의 마음을 살피고, 하나님의 진리를 제시할 때 다른 사람을 미워하거나 멸시하고 있지는 않은 지 조심해야 합니다.

성경을 믿고 순종하는 기독교인들은 동성애자들을 미워하지 않습니다.

우리들은 다만 동성애자들이 죄의 길에서 돌아서서 회개하기를 바랄 뿐입니다. 우리가 싫어하는 것은 죄인들이 아닙니다. 하나님의 말씀에 대한 의도적인 반역인 죄를 배척하는 것입니다. 그럼에도 기쁜 소식이 있다면 하나님이 죄에 대한 용서를 말씀하셨고, 죄와 벌이는 싸움에서 이기도록 도와주시겠다고 약속하셨다는 것입니다. 기독교인으로서 우리의 의무는 사람들에게 예수 그리스도가 필요하다는 것을 이야기하고, 그들로 하여금 하나님께서 주시는 구원과 회복이 필요하다는 것을 이해하도록 도와주는 것입니다. 우리가 누군가에게 할 수 있는 가장 큰 사랑은, 그들을 예수님께로 이끌어 주는 것입니다.

> "너희가 알 것은 죄인을 미혹된 길에서 돌아서게
> 하는 자가 그의 영혼을 사망에서 구원할 것이며
> 허다한 죄를 덮을 것임이라"(야고보서 5:20).

우리 주위의 대부분의 사람들이 동성애적 행위가 괜찮다고 생각하더라도, 하나님께서 말씀을 통하여 우리에게 무엇을 가르치시는지 알아야합니다. 그리고 우리는 온유하고 사랑스럽게 하나님의 진리를 사람들과 나눌 수 있어야 합니다.

"사람은 다 거짓되되 오직 하나님은 참되시다 할지어다"(로마서 3:4).

Bodie Hodge

12

학교에서 하나님에 관해
이야기하는 것이

불법이라면, 우리는 어떻게 해야 하나요?

역자주) 이 챕터의 내용은 미국의 상황임을 밝힙니다.

먼저 학교에서 하나님에 대해 이야기하는 것이 불법이 아닙니다. 그렇게 이야기하는 사람은 100 퍼센트 틀렸습니다!

미국 헌법 제1수정조항은 다음과 같이 되어 있습니다.

'의회는 종교의 설립에 관한 법을 만들 수 없다. 또는 자유로운 종교활동을 금지할 수 없다(Congress shall make no law respecting an establishment of religion or prohibiting the free exercise thereof)'

물론 그 종교활동이 살인과 같이, 다른 법률에 위배되지만 않는다면 예배의 자유는 이 헌법 조항에 해당됩니다.

이는 공립학교에도 적용됩니다. 1990년, 미국 대법원은 공립학교에서 종교적 발언이나 활동은 금지한다면, 그것은 종교에 대한 적대성을 보이는 것이며, 따라서 헌법에 위배된다는 판결을 내렸습니다(Board of

Education of the Westside Community Schools vs. Mergens, 496 US 226). 법원의 최근 판결과 의회에서 정해진 법은 공립학교 학생들에게 종교의 자유를 부여해 주었습니다.

학생들의 권리

학교에서의 활동 중 잘못된 것인지 아닌지에 대해 몇 가지 예를 들어 이야기해 보겠습니다.

- 학생들은 종교적 메세지나, 성경 구절, 혹은 기독교 구호가 적힌 티셔츠를 입거나 연필을 사용할 수 있습니다. 학생들이 주다스 프리스트 티셔츠를 입을 수 있다면 예수 그리스도 티셔츠도 입을 수 있습니다.

- 기독교 학생들은 일반 학생들이 비 종교적인 글들을 나눠줄 수 있는 것처럼, 복음 전도지를 수업 시간에 친구들에게 나눠줄 수 있습니다. 어떤 학생이 생일 파티에 관한 초대장을 나눠줄 수 있다면, 또한 창조에 관한 전도지를 나눠줄 수도 있는 것입니다.

- 학생들은 다른 학생들과 대화하도록 허용된 시간에는 언제든지 종교적인 주제에 관하여 토론하거나 기도할 수 있습니다. 수업 시간 전후, 점심시간, 쉬는 시간 등 그 토론 주제가 특정 인물이나 집단을 괴롭히는 것에 관한 것이 아니라면 가능합니다. 학생들이 학과목에 관련되지 않은 주제에 관해 이야기하는 것이 허용된 때라면, 전도를 하거나 다른 학생들과 기도하는 것들을 포함한 종교적인 문제들에 대하여 토론할 수 있습니다. 미식축구에 관하여 이야기하는 것이 괜찮다면, 그리스도에 관해 이야기하는 것도 괜찮습니다.

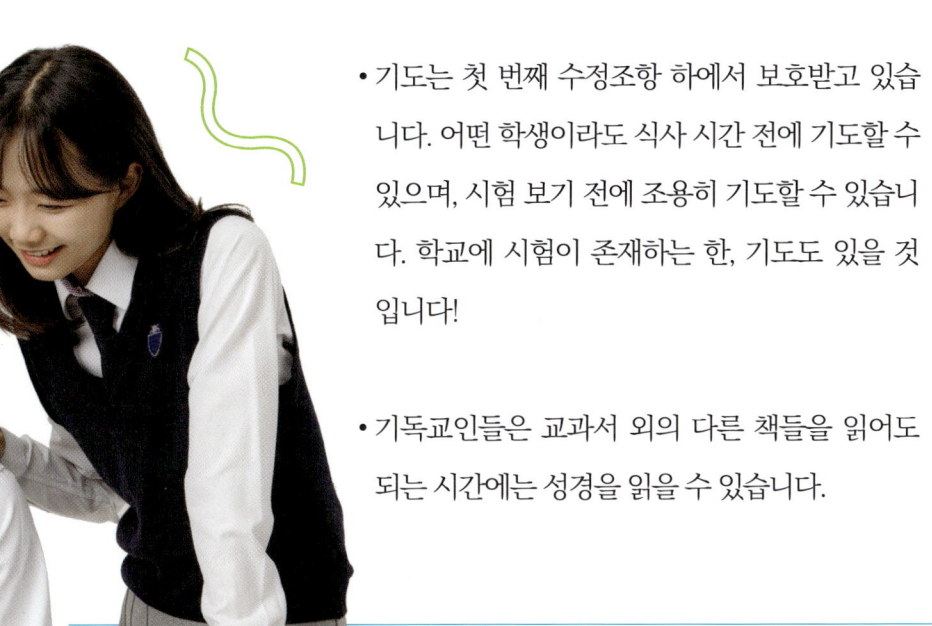

- 기도는 첫 번째 수정조항 하에서 보호받고 있습니다. 어떤 학생이라도 식사 시간 전에 기도할 수 있으며, 시험 보기 전에 조용히 기도할 수 있습니다. 학교에 시험이 존재하는 한, 기도도 있을 것입니다!

- 기독교인들은 교과서 외의 다른 책들을 읽어도 되는 시간에는 성경을 읽을 수 있습니다.

예를 들면, 점심시간이나 자율학습 시간입니다. 만약 학생들이 뱀파이어에 관한 소설을 읽을 수 있다면 성경을 읽을 수도 있습니다.

- 학생들은 어떤 작문 과제나 발표 시간에 종교적인 믿음을 표현해도 됩니다. 만약 다른 학생들의 관점이 허용된다면, 선생님은 기독교인도 그들의 관점을 나누도록 허용할 수 있습니다. 동물 애호단체에 관한 관점을 이야기하는 것이 괜찮다면, 예수님이나 창조에 관한 관점을 고백하는 것도 괜찮습니다.

- 공립 고등학교들은 성경 모임이 선생님이 아닌 학생 리더들이 이끈다면, 다른 학교 클럽과 동일한 특권을 주어야만 합니다. 성경 모임은 기도와 성경 읽기 그리고 찬송 부르는 것을 포함할 수 있습니다. 만약 독서 모임을 갖는 것이 괜찮다면, 성경 모임을 갖는 것도 괜찮습니다.

- 기독교인 학생들에게 어떤 레슨이나 활동이 '자유로운 종교활동에 부담을 주며, 학교 측에서 학생의 참여가 반드시 필요하다고 하는 결정적인 이유를 증명하지 못한다면, 학교 측은 법적으로 그 학생을 해

당 레슨이나 활동에서 면제되도록 해야 할 의무가 있습니다.' 선생님이 여러분의 양심에 거리끼는 일을 하지 못하게 할 수 있습니다.

물론 그 학생이 교실이나 학교의 질서를 방해하지 않는다는 원칙이 지켜진다면, 위에서 살펴보았듯이 공립학교에서 하나님이나 성경에 관하여 이야기하는 것이 불법이 아닙니다. 공립학교 학생으로서 여러분의 권리를 더 잘 알게 된다면, 비 기독교인들에게 전도하는 일이나, 다른 기독교인들과 교제하는 데 있어서 이러한 권리들을 더 잘 행사할 수 있을 것입니다.

선생님들은요?

공립학교 선생님들은 정부를 대신하므로, 학생들과 동일한 권리를 갖지 못합니다. 선생님들은 특정 종교에 대해서 단정적으로 이야기하지 못하게 되어 있습니다. 그럼에도, 많은 선생님들은 세속적 인본주의라는 종교를 공개적으로 가르칩니다. 이를테면 진화론, 수백만 년의 연대, 빅뱅, 무신론 등등. 아마도 언젠가는 그러한 종교들도 교실에서 제거될 수 있겠지만, 현재 정부에서는 인본주의라는 종교가 선생님들과 교과서에 의해 선전되는 것을 허용하고 있습니다. 몇몇 주들은 선생님들이 세속적 인본주의라는 종교적 관점에 의문을 가지는 것을 허용하고 있습니다.

많은 기독교인 선생님들을 격려해드리고 싶습니다. **우리는 기독교인 선생님들을 위해 기도해야 합니다.** 몇몇 선생님들은 세속적 인본주의라는 종교의 문제점, 혹은 어떻게 관측과학(실험과학)이 성경에 대한 좋은 증거인지에 대해 토론하기 위한 방과 후 선택과목을 제공하기도 합니다. 예를 들어 진화, 연대, 생명의 기원, 빅뱅의 문제점과 같은 주제들입니다. 그러나 학교 수업 시간에 이러한 내용을 다루는 것들이 허용되지 않기 때문에, 다른 방법으로 이와 같은 활동들을 진행하고 있습니다.

결론

학생들의 권리와 선생님들의 권리는 다릅니다. 공립학교 학생으로서는 많은 권리를 가지고 있습니다. 그러나 선생님들은 제한되어 있다는 것을 기억하세요.

대학교에서는 그 반대일 가능성이 높습니다. 교수님들은 '학문적 자유'를 가지고 있습니다. 교수님들이 정교수가 되면, 파면될 수 없고, 어떤 종교를 장려하거나 공격할 수 있습니다. 많은 사람들이 공개적으로 기독교를 공격합니다. 대학생들은, 기도하거나 전도할 자유를 가지고 있지만, 지혜롭게 행동할 필요가 있습니다. 어떤 교수님들은 여러분이 기독교인이라는 것을 알게 되면, 여러분에게 F 학점을 주거나 졸업을 힘들게 할 수도 있습니다. 세속적 대학교에 간다면 이 부분을 잘 고려해야 합니다. 만약 성경의 권위를 인정하는 대학을 선택하고 싶은 친구들이 있다면 다음 사이트를 참고하세요. www.answersingenesis.org/colleges/

Bodie Hodge

13

예수님이
하나님께로 갈 수 있는

유일한 길
이라는 것을 어떻게
확신할 수 있나요?

친구들과 대화하거나 책을 읽다 보면 하나님 나라에 갈 수 있는 방법에는 여러 가지가 있다는 주장을 만나게 됩니다. 어떤 종교라도 믿기만 한다면, 무엇을 믿는지는 별로 중요하지 않다고 말하는 사람들이 있습니다. 그래서 천국에 들어가는 방법에 대한 대화 중에 혼란에 빠질 수 있습니다.

창조주 하나님은 오직 한 분이십니다. 그래서 그 분만이 우리와 하나님 사이에 있는 간격을 극복하는 방법에 대해서 말해주실 수 있는 분입니다. 약 2,000년 전, 예수님은 그분 자신이 하나님께로 가는 유일한 길이라고 말씀하셨습니다. "나는 길이요, 진리요 생명이니, 나로 말미암지 않고는 누구도 아버지께로 올 수 없느니라"(요한복음 14:6).

어찌 보면 매우 용감하다고 할 수 있는 주장입니다. 어떻게 다른 모든 길은 틀렸고, 예수님만이 정말로 하나님께로 가는 유일한 길이라는 것을 알 수 있을까요?

다른 종교 지도자들과는 달리, 하나님의 아들이신 예수님만이 우리를 구원하기 위하여 천국에서 오신 분이십니다. 성경은 다음과 같이 말씀하십니다.

"내가 하늘에서 내려온 것은 내 뜻을 행하려 함이 아니요, 나를 보내신 이의 뜻을 행하려 함이니라. 나를 보내신 이의 뜻은 내게 주신 자 중에 내가 하나도 잃어버리지 아니하고 마지막 날에 다시 살리는 이것이니라. 내 아버지의 뜻은 아들을 보고 믿는 자마다 영생을 얻는 이것이니 마지막 날에 내가 이를 다시 살리리라 하시니라"(요한복음 6:38-40).

예수님이 단지 훌륭한 사람이셨다고 주장하는 사람들도 있습니다. 만일 그들의 주장이 사실이라면, 예수님이 천국에 갈 수 있는 유일한 길이라고 주장할 수 없을 겁니다. 사실, 예수님이 거짓말을 하고 계시거나 약간 미쳤을 것이라고 생각하는 사람도 있을 수 있겠죠. 하지만 예수님께서는 이 땅에 계셨을 때, 스스로 말씀하셨던 바와 같이, 자신이 삼위 하나님 중 성자 예수님이라는 것을 보여주셨습니다. 창조주이신 예수님이(골로새서 1:16) 진정한 하나님이시면서 동시에 진정한 사람인, 신-인(God-man)이 되셨습니다! 그분은 죄 없는 완벽한 사람이 되셨습니다.

오직 예수님만이 ……

완벽하십니다. 죄를 짓지 않으셨고, 하나님의 계명에 불순종하지 않으셨습니다(요한1서 3:5). 그 외에 다른 어떤 종교 지도자들도 완벽하지 않았습니다(부처, 공자, 무함마드, 조셉 스미스 등).

완벽하게 죄를 사하십니다(마가복음 2:1-12). 누군가 우리에게 죄를 저질렀을 때, 우리는 그에 해당하는 특정 죄에 대해서 용서해 줄 수도 있습니다. 그러나 예수님만이 누구라도 일생 동안 저지를 모든 죄에 대해 용서하실 수 있습니다. 그 어떤 사람도 세상의 죄를 대신 가져갈 수 없습니다.

많은 예언들을 성취하셨습니다(예레미아 23:5; 마태복음 2:1-2). 예수님이 구약의 여덟 개의 예언을 성취하실 확률은 100조 개의 은화를 텍사스 주의 면적에 60cm 두께로 쌓아 놓고, 그중에 하나를 표시한 뒤, 우연히 그것을 하나 집어서 발견할 확률과 같다고 할 수 있습니다. 누군가 그 표시한 동전을 첫 번째에 고른다는 것은 불가능한 확률이겠죠. 그러니까 예수님이 우연히 여덟 개의 예언을 성취하셨을 확률도 불가능한 확률입니다. 구약에는 예수님의 초림에 관하여 60 개가 넘는 예언이 있습니다. 그리고 예수님께서 이 땅에 오셔서 인간이 되셨을 때 그 모든 예언들을 완벽하게 성취하셨습니다!

질병을 고치셨습니다(누가복음 4:38-40). 예수님은 앉은뱅이를 걷게 하셨고, 장님이 눈을 뜨게 하셨으며, 귀머거리를 듣게 하시고, 많은 사람들의 병을 고쳐 주셨습니다! 그 누가 이러한 일들을 할 수 있을까요?

자연을 뛰어넘는 권능을 가지고 계십니다(누가복음 8:22-25). 예수님은 바람과 물결에게 잠잠하라고 명령하셨고 그렇게 되었을 때, 그분의 놀라운 권능을 보이셨습니다! 그분이 창조주이시기 때문에, 그분은 그의 창조물을 뛰어넘는 권능을 가지고 계십니다(요한복음 1:1-5; 골로새서 1:16)!

죽음을 이기신 권세를 가지고 계십니다(누가복음 7:11-17). 예수님은 많은 사람들을 죽음에서 살리셨습니다! 그리고 그 자신도 죽음에서 부활하셨습니다(요한복음 10:17-18).

죽음에서 부활하셨습니다(마태복음 27-28). 아마도 예수님이 구원의 유일한 길이 되신다는 가장 큰 증거는 부활일 것입니다. 모든 종교 지도자들을 포함한 그 누구도 죽음에서 부활한 사람은 없습니다! 그분의 부활 이후, 예수님은 많은 사람들에게 나타나셨으며(사도행전 10:40) 한 번에 500명 이상 되는 사람들에게 나타나시기도 했습니다(고린도전서 15:6)!

하나님이십니다(요한복음 1:1-3, 4:5-26; 골로새서 1:14-17). 예수님은 하나님이라고 주장하셨고, 여러분은 위의 모든 것을 통해 그분이 실제로 자신이 주장하시는 그분이시라는 것을 볼 수 있습니다. 오직 예수님만이 그분의 주장을 뒷받침할 수 있는 삶을 사셨습니다.

우리가 당해야 할 형벌을 받으실 수 있습니다(히브리서 2:9; 빌립보서 2:8). 영원하신 하나님의 형벌은 영원에 해당합니다. 단 한 번의 죄악도 이러한 형벌을 피할 수 없습니다. 완전히 거룩하신 하나님은 죄를 벌하셔야 합니다. 그리고 죄악의 형벌은 죽음이며, 지옥에서의 영원한 죽음으로 귀결됩니다(누가복음 12:5). 하나님의 아들이신 예수 그리스도는 영원하시며, 영원하신 아버지로부터 형벌을 받으실 수 있는 유일하신 분입니다. 이것이 바로 예수님이 돌아가셔야 했던 이유입니다. 우리는 할 수 없고, 오직 예수님만이 그 일을 하실 수 있습니다. 그러나 죄 없으신 예수님께서 우리의 죄악을 감당하시고, 우리가 당해야 할 죽음을 감당하셨을 때, 하나님께서 정하신 죄에 대가를 치르게 되었습니다. 게다가 능력은 부활에 있습니다. 예수님이 부활하신 것과 같은 방식으로, 우리는 그리스도를 통해 죽음으로부터 구원받았습니다. 사망의 쏘는 것이 사라졌습니다(고린도전서 15:55-57).

예수님만이 유일한 길입니다!

우리가 이 챕터에서 살펴본 대로, 성경은 참된 기록입니다. 하나님은 거짓말하실 수 없습니다(히브리서 6:18). 그래서 예수님께서 자신을 하나님 나라를 향한 유일한 길이라고 말씀하실 때, 그 선언을 신뢰할 수 있습니다. 다른 모든 길은 진리가 아닙니다. 우리가 하나님의 말씀을 읽고, 공부할 때, 하나님에 대한 진리와 하나님과 천국에서 영원토록 살 수 있다는 것을 알게 됩니다.

Ken Ham and Bodie Hodge

14

성경 그리고 공룡과 용?

기독교인 부모님들은 자녀들에게 종종 공룡에 대한 질문을 받곤 합니다. 그 부모님들이 질문에 답하기 위해 성경에서 공룡이라는 단어를 찾아본다면, 공룡이라는 단어가 성경에 없다는 것을 금방 알 수 있습니다. 사실, 공룡이라는 단어는 1841년에 처음 만들어졌습니다. 이미 성경이 영어로 번역되고 나서도 한참 지난 다음입니다! 이런 질문을 받는 많은 부모님들이 답변을 포기합니다. 그러나 성경은 이미 공룡이라는 주제에 대해서도 답변을 가지고 있습니다. 나중에 살펴보겠지만 성경에도 공룡과 비슷한 동물에 대한 표현이 있습니다!

공룡은 육지 동물입니다. 하늘을 나는 파충류들이나 바다에 살았던 파충류들은 공룡이라고 부르지 않습니다. 단어의 정의로 볼 때, 공룡은 다리가 몸통 바로 아래 붙어 있는 육지 동물이기 때문입니다. 그래서 악어나 코모도 도마뱀 같은 동물은 공룡으로 분류하지 않습니다.

하나님께서 창조 주간의 몇 번째 날에 육지에서 사는 동물들을 창조하셨을까요?? 여섯째 날입니다(창세기 1:24-31). **따라서 다른 동물들과 함께 공룡들도 6일째 날 창조되었고,** 첫 번째 남자와 여자도 같은 날 창조되었습니다. 완전하시고 전지전능하시며 어느 곳에도 계신 하나님은 모든 것을 아십니다.

다 더해 봅시다.

일단 아담으로부터 아브라함까지의 족보에 나온 연수를 다 더해봅시다. 거기에다 아브라함부터 예수님까지의 연대를 더해봅시다. 그리고 예수님이 태어나신 해로부터 오늘까지의 연수를 다 더하면 대략 6,000년 정도입니다. 그렇기 때문에 공룡이 인간이 존재하지 않은 수천만 년 전에 살다가 멸종되었다고 말하기는 어렵습니다. 그 대신 약 6,000년쯤 전에 첫 번째 사람들과 함께 창조되었다고 말할 수 있습니다. 오랜 시간의 과거는 한 번도 증명된 적이 없습니다. 수백만 년, 수천만 년이라는 완전하지 못한 인간의 주장보다 완벽하신 하나님의 말씀을 신뢰해야 합니다. 공룡이 수천만 년 전에 살았다는 말이 진리일 수 없습니다. **착각이나 잘못된 추측을 계속 반복해서 이야기할 수는 있습니다. 그렇지만, 자꾸 이야기한다고 해서 그것이 실제로 일어난 일이라는 것이 증명되지는 않습니다.

공룡들은 생각보다 오래 전에 살지 않았습니다! 그리고 공룡들도 원래는 채식만 했었습니다(창세기 1:30). 커다란 티라노사우루스도 말입니다! 그러다가 뭔가 극적인 변화가 일어났어요. 아담이 범죄했을 때, 이 세상은 철저하게 달라졌습니다(창세기 3). 티-렉스가 풀을 씹어 먹다가, 사냥감을 물어 뜯게 된 것은 아담의 범죄가 일어난 이후의 일입니다!

아담의 범죄 이후 1,650여 년의 시간이 지난 그때로 가 봅시다. 그때 이 세상은 죄악의 소굴과 같았습니다(창세기 6:5). 하나님의 인내는 한계에 다다랐습니다.

이 세상의 죄악을 전 지구적 대홍수로 심판하시기로 결정하셨습니다. 여기서부터 성경에 어떤 기록이 있는지 알고 있겠죠? 한 의로운 사람 노아는 3층으로 이루어진 커다란 방주를 지었습니다. 실제로 월드컵 축구장 보다 조금 더 길 정도로 큽니다. 하나님은 노아에게 육지에 살고 공기로 숨을 쉬는 동물들을 한 쌍씩 방주에 태우라고 말씀하셨습니다. 어떤 동물들은 일곱쌍이었고요(창세기 7:2-3). 이 중에 공룡들도 있었습니다! 잘 알려진 약 50 종류(혹은 과, family)의 공룡들을 포함하여, 방주 안에는 다양한 동물들이 있었을 것입니다.

물론 노아의 방주에 타지 않은 공룡들은 죽었습니다. 대부분 썩어서 없어졌지만, 꽤 많은 공룡들은 대홍수 때 퇴적층에 묻혔고 화석이 되었습니다. 사실, 오늘날 이 세상의 많은 곳에서 대홍수 때 퇴적된 지층 안에 있는 공룡 화석들을 발견합니다. 노아의 홍수가 4,500년 정도 전에 일어났으므로 대부분의 화석들도 그 정도 되었습니다!

커다란 공룡들은 어떻게 했나요? 방주 안에 공간이 충분히 없지 않나요? ... 아니면 있었나요?

사실 큰 공룡도 있고 작은 공룡도 있습니다. 아무리 큰 공룡들이라도, 그것들이 어렸을 때는 작았겠지요. 작은 공룡들도 많았기 때문에, 평균 크기는 양 정도라고 할 수 있어요. 지금까지 발견된 가장 큰 공룡알은 축구공보다 약간 큽니다. 따라서 용각류와 같은 가장 큰 공룡의 경우, 어린 공룡들을 방주에 태웠다는 것이 더 합리적인 설명입니다. 그래야 더 적게 먹고, 더 적게 배설하고, 더 적은 공간은 차지하니까요. 하지만 공간은 충분했습니다. 창조론자들은 거대한 용각류가 바로 성경에서 언급된 동물일 수 있다고 생각해요. 욥기 40:15를 보세요. 단지 이 동물이 얼마나 거대한가 뿐 아니라, 이 동물을 실제로 맞닥뜨린 것처럼 묘사하고 있다는 사실에 주목하기 바랍니다. 욥기에는 트위터처럼 짧게 이야기하지 않고 정말 자세하게 묘사되어 있습니다. 얼마나 다행인지!

공룡의 또 다른 이름

공룡들의 수는 급격히 감소하게 되었습니다. 사람들은 이 희귀한 파충류를 다시는 볼 수 없게 된 후부터 이 공룡들에 대하여 이야기하기 시작했습니다. 점점 이야기는 꾸며지고 각색되어 용이라는 전설로 변형되었습니다.

용에 대한 이야기 속에 나오는 용에 대한 묘사를 살펴보면 상당수가 우리가 오늘날 공룡이라고 부르는 동물과 매우 비슷합니다.

용에 대한 고대 전설들은 실제 공룡들이 멸종하기 전의 목격담이었을 것입니다. 성 조지가 용을 죽인 전설, 길가메쉬의 전설에서 용을 죽인 이야기, 그리고 중국에 존재하는 많은 용에 관한 이야기나 그림들을 기억해 보시기 바랍니다. 다른 대륙에서도 용에 관한 전설이 많이 나타나고 있습니다! **고대의 많은 책들 속에도 용을 목격한 사건에 관하여 기록하고 있습니다.** 여러분의 학교나 지역의 도서관에도 몇 권쯤 있을 거에요.

AD 1800년대가 되면서부터, 사람들은 그간 발견해 온 화석들을 자세히 관찰하기 시작했습니다. 그 중 '용의 뼈'라고 불릴 만한 것들도 있었죠. 실제로 그 뼈들은 하나님이 6일째 되던 날 만드신 동물들 중 공룡을 다시 발견한 것이라고 할 수 있어요!

1841년, 영국의 과학자 리처드 오언 경은 공룡이라는 단어를 만들어 냈습니다. 1611년에 킹 제임스 버전의 영어 성경이 번역되었기 때문에, 여러분은 이 성경이나 이 번역으로부터 나온 영어 성경에서 '공룡'이라는 단어를 발견할 수 없을 것입니다!

사실 공룡은 엄청나게 미스터리한 존재라고 할 수는 없어요. 공룡들은 아담과 하와와 함께 창조 주간의 6일째 날 창조되었습니다. 인간의 타락은 온 세상에 영향을 미쳤습니다. 그리고 대홍수 사건이 있었습니다. 노아의 방주에 타지 않은 많은 공룡들은 대홍수 때 묻혀서 화석이 되었습니다. 다른 많은 동물들처럼, 공룡들도 대홍수 이후 멸종했지만 상대적으로 최근까지 생존했습니다. 그래서 용에 관한 전설이 존재한다고 할 수 있죠.

"하나님의 도는 완전하고 여호와의 말씀은 진실하니 그는 자기에게 피하는 모든 자에게 방패시로다"(사무엘하 22:31).

Dr. Tommy Mitchell

15

어째서 하나님은

나처럼 엉망인 사람을 구원하려 하시나요?

우리는 모두 잘못인 줄 알면서도 죄를 저지릅니다. 그렇지 않나요? 부모님께 불순종하고, 우리 것이 아닌 것을 훔쳤으며, 거짓말을 하며, 다른 사람들의 물건을 갖길 원하며, 상처가 되거나 친절하지 않은 말들을 하며, 우리 뜻대로 일이 되지 않을 때 화를 내기도 합니다. **솔직히, 우리 모두는 완벽함과는 거리가 멉니다. 아주 멉니다.**

로마서 3장 23절은 다음과 같이 말씀하십니다. "모든 사람이 죄를 범하였으매 하나님의 영광에 이르지 못하였으니." 여기서 '모든'이라는 단어처럼 한 사람도 예외가 없습니다. 우리 모두는 죄를 짓습니다. 그러나 다른 모두가 죄를 짓는다는 사실이 내가 저지른 잘못을 용서받는 것과는 아무 상관이 없는 일입니다.

혹시 낙심하고 있나요? 하나님의 은혜를 받기에는 너무 멀리 갔다고 느낀 적이 있나요? 너무나 많은 잘못을 저질러서 여러분이 인생이 이미 망쳤다고 생각한 적이 있나요? 너무나 안 좋은 상황이라 하나님께서 여러분을 포기한 것이 확실하다고 느낀 적이 있나요? 하나님은 여러분을 결코 포기하지 않으십니다. **여러분은 혼자가 아니에요.** 정말로 여러분은 혼자가 아닙니다! **하나님은 완벽하십니다.**

하나님은 완전하십니다.

하나님은 완전하십니다.(시편 145:17; 요한1서 1:5). 하나님은 죄를 지으실 수 없습니다. 하나님은 우리 모두가 그분처럼 완전하시길 원하십니다. 하나님은 이렇게 말씀하십니다. "내가 거룩하니 너희도 거룩하라"(베드로전서 1:16).

그렇다면 문제가 있습니다. 우리는 거룩해야 하지만, 우리 모두는 죄인이기 때문에 하나님의 기준에 미치지 못합니다. 우리는 이미 아담 안에서 죄인입니다. 아무리 훌륭한 사람이라 할지라도 모두 아담의 후손이기 때문에, 하나님과 비교했을 때 기준에 미치지 못합니다.

이런 이야기가 과연 무슨 도움이 되나요? "그래요. 제 인생은 망가졌어요. 그리고 제가 생각하는 것보다 훨씬 나쁜 상태라는 것을 지적하는 군요. 게다가 다른 모든 사람도 망했다고 이야기 하시네요!" 이런 생각이 들지는 않나요?

하나님이 아담을 창조하셨을 때, 아담은 완벽한 존재였습니다. 하나님은 단순한 규칙을 주셨고 순종할 선택권을 주셨습니다. **그러나 아담은 자신의 뜻대로 행동했습니다.** 아담은 규칙이 있다는 것이 마음에 들지 않았고, 순종하지 않았습니다. 아담은 완전이라는 하나님의 기준에 모자랐습니다. 아담은 하나님의 영광에 미치지 못했습니다. 더 이상 완전한 사람이 아니었습니다. 아담은 죄가 이 세상에 들어오게 했습니다. 그러나 여기서 모든 것이 끝난 것이 아니었습니다. 우리에 대한 하나님의 사랑은 끝나지 않았습니다!

우리 모두의 조상인 아담과 하와처럼, 우리 모두는 하나님의 **계명에 불순종합니다.** 우리는 아담으로부터 죄성을 물려받았습니다. 우리 모두는 하나님의 완전에 대한 기준에 미치지 못합니다. 우리 모두는 같은 배를 타고 있습니다. 아주 나쁜 살인자로부터 우리가 아는 가장 상냥한 할머니에 이르기까지 우리 모두는 죄인입니다. 정말 나쁜 소식입니다.

하나님은 재판관이십니다.

하나님은 거룩하시며 공의로우십니다. 그분은 죄를 용납할 수 없으신 분입니다. 죄에는 형벌이 따릅니다. 벌을 받아야만 합니다. 창세로부터 그러합니다. 창세기는 하나님이 아담에게 선악과를 먹지 말라고 말씀하셨다고 기록합니다. 만약 아담이 그것을 어겼을 경우, 반드시 죽을 것이라고 명백히 말씀하셨습니다. 아담은 하나님께 불순종했습니다. 이를 따라서 아담과 아담의 죄악된 성품을 물려받은 아담의 후손들인 우리 역시 창조주 하나님께 대해 반역하는 죄를 저질렀습니다. 한때는 완벽했던 세상에 죽음과 타락이 들어왔습니다. 죄에 대한 끔찍한 형벌은 죽음입니다(로마서 6:23).

하나님은 구원자이십니다.

공의로운 심판에 있어서도 하나님은 그분의 형상을 따라 창조된 사람들에게 자비를 베푸셨습니다.

아담이 범죄한 후, 하나님은 아담과 하와에게 동물의 가죽옷을 지어 입혀 주셨습니다(창세기 3:21). 이것이 동물 최초의 죽음이 일어나는 사건입니다. 아담과 하와는 아마도 그토록 아름다운 동물이 죽는 것을 보고 매우 슬퍼했을 것입니다. 죄는 심각한 문제이며, 그 결과는 결코 웃을 수 있는 문제가 아닙니다. 하나님께서 그들의 벗은 몸과 수치를 가리기 위하여 가죽옷을 지으셨을 때, 아담과 하와의 죄악을 완전히 가져갈 방법을 계획하고 계셨고, 아담과 하와가 그 계획을 깨닫게 되기를 바라셨습니다.

이때로부터, 사람들은 죄를 지은 것을 후회하고 있다는 것과, 자신들의 죄로 인해 피의 대가가 필요하다는 것을 알고 있음을 하나님께 보여드리기 위해 동물을 희생했습니다. 그리고 이렇게 함으로써, 단번에 드려질 궁극적인 희생 제사를 기대한다는 것을 이해하게 되었습니다. **하나님은 모든 사람들을 멸망시키려는 사탄의 계획을 무너뜨릴 분을 보내실 것을 약속하셨습니다.** 하나님은 인간의 죄에 대한 대가를 치르고 죽음의 권세를 이기실 수 있는 분을 보내시겠다고 약속하셨습니다(창세기 3:15).

하나님께서 약속하신 지 4,000년 정도가 지난 후, 아들을 이 땅에 보내셔서 신-인(God-man)이 되도록 하셨습니다. 이 땅에 계실 때, 예수님은 아담처럼 살지 않고 하나님께 완전히 순종하는 삶을 사셨습니다. 그분은 죄를 짓지 않으셨고, 죽어야 할 필요가 없었음에도, 십자가에서 죽임을 당하셨습니다. 그분은 자신을 십자가에 내어 주셨습니다. 우리의 형벌을 대신 짊어지실만큼 우리를 사랑하셨기 때문입니다(로마서 5:8).

예수님께서 돌아가신지 사흘 만에 부활하셨다는 것은 정말 놀라운 소식입니다! 하나님은 죄에 대한 십자가의 희생을 받으셨습니다. 예수님은 하나님과 영원히 함께할 수 있는 방법을 만드셨습니다! 우리가 우리의 죄에 대한 잘못을 돌이키고(회개) 예수님이 우리를 대신해 십자가에서 돌아가셨고 죽음에서 부활하셨음을 믿을 때, 하나님은 우리에게 영원한 생명이라는 선물을 주십니다. 이 선물을 받은 사람들의 이름은 어린 양의 생명책이라는 특별한 책에 기록되어 있습니다. 여러분의 이름이 거기에 기록되어 있는지 확실히 아시나요?

> "하나님이 세상을 이처럼 사랑하사 독생자를 주셨으니 이는 그를 믿는 자마다 멸망하지 않고 영생을 얻게 하려 하심이라"(요한복음 3:16)

하지만 저는 너무 망가졌어요!

아 그랬군요. 당신만 완전히 실패한 사람이라고 생각하세요? 성경을 보세요. 성경에는 실패했지만, 그럼에도 불구하고 놀라운 일들에 쓰임 받은 사람들의 이야기로 가득합니다! 그 어떠한 경우에도 하나님은 여러분을 사랑하십니다!

여러분은 살인자였던 모세보다 더 망가졌다고 생각하세요? 살인자이자 간통을 했던 다윗보다 더 망가졌다고 생각하세요? 바울보다 더 망쳤다고 생각하시나요? 그는 초대 교인들을 추적해서 핍박하는 일만 하던 사람입니다. 여러분은 이러한 사람들보다 더 망가진 사람이라고 생각하시나요?

결국 모세는 이스라엘 백성들을 노예 상태로부터 이끌고 나왔고, 시내산에서 하나님의 손으로 직접 쓰신 십계명을 받았습니다. 다윗은 하나님의 마음에 합한 사람이 되었습니다(사도행전 13:22). 바울은 역사상 가장 위대한 복음을 전하는 사람이 되었습니다. 어떻게 이러한 일들이 일어났을까요? 간단합니다. 그들은 하나님의 말씀을 신뢰했어요. 구원이라는 선물을 값없이 받았고, 그들의 인생은 변화되었습니다.

아뇨, 그들이 죄 없는 사람이 된 것은 아닙니다. 구원을 받은 그 순간에도 그 사람들은 실패할 수 있는 여전히 그냥 사람이었습니다. 바울은 성경에서 자신의 죄악 때문에 너무나도 고통스럽고 끔찍하다고 기록할 정도였습니다(로마서 7:15-24)!

모세, 다윗, 바울, 그들의 죄에는 여전히 형벌이 따랐습니다. 예를 들면, 그들은 모두 육신적으로 죽었습니다. 행위에 대한 결과는 언제나 따라옵니다. 그러나 모세, 다윗, 바울은 영원한 하나님과의 분리(성경이 말하는 영원한 죽음, 지옥)라는 궁극적인 형벌을 감당할 필요가 없었습니다. 그리고 여러분도 마찬가지입니다. 하나님은 또한 그들에게 사명을 주시고, 하나님과 친밀한 인격적 관계를 갖게 하심으로써 축복하셨습니다.

그러므로 여러분은 완전히 망가지지는 않았습니다. 그런 사람은 아무도 없습니다. 하나님은 여러분이 회개하고, 죄악으로부터 돌이켜서, 예수 그리스도를 믿게 되기를 바라고 계십니다. 여러분은 하나님이 고치지 못하실 정도로 망가지지 않았습니다.

하나님은 왜 여러분과 저와 같은 끔찍한 죄인들을 구원하기 원하실까요?

왜냐하면 그분은 우리 모두를 너무 사랑하시기 때문입니다.

그래서 하나님과 함께 천국에서 영원히 살기 원하시기 때문입니다! 천국에 죄와 죽음의 자리는 없습니다. 그래서 하나님은 죄를 버려 두고 우리가 천국에 갈 수 있는 길을 만드셨습니다. **하나님은 우리의 죄값을 치르시기 위하여 예수님을 보내심으로써 우리가 하나님 나라에 갈 수 있는 길을 만드셨습니다.** 하나님께서 바라시는 것은 오직 우리가 회개하고 예수님을 믿는 것뿐입니다.

"그들을 데리고 나가 이르되 선생들이여 내가 어떻게 하여야 구원을 받으리이까 하거늘 이르되 주 예수를 믿으라 그리하면 너와 네 집이 구원을 받으리라 하고"(사도행전 16:30-31).

> "우리가 아직 죄인 되었을 때에 그리스도께서 우리를 위하여 죽으심으로 하나님께서 우리에 대한 자기의 사랑을 확증하셨느니라"(로마서 5:8)

「태라북」은 창조과학미디어 출판 브랜드입니다.
"태초에 하나님이 천지를 창조하시니라"
첫 글자와 마지막 글자, 북(출판, Book) 조합어입니다.